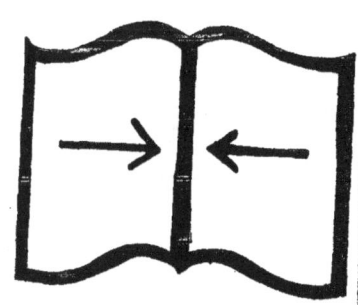

RELIURE SERREE
Absence de marges
intérieures

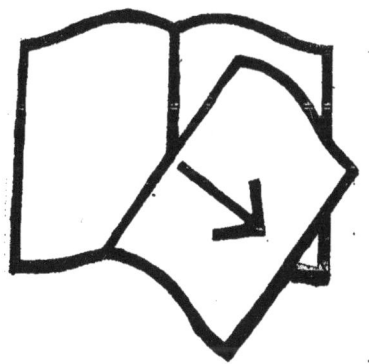

Couvertures supérieure et inférieure
manquantes

LABLE POUR TOUT OU PARTIE
U DOCUMENT REPRODUIT

LE VIOLON DE FRANJOLÉ

LA DAME AUX DIAMANTS — LA REINE DE GOLCONDE

LAON. — IMPRIMERIE A. CORTILLIOT, RUE SÉRURIER, 22.

ARSÈNE HOUSSAYE.

LE
VIOLON DE FRANJOLÉ

LA DAME AUX DIAMANTS

LA REINE DE GOLCONDE

NOUVELLE ÉDITION

PARIS
E. DENTU, ÉDITEUR
LIBRAIRIE DE LA SOCIÉTÉ DES GENS DE LETTRES
Palais-Royal, 15-17-19, Galerie d'Orléans.

1887

Tous droits réservés.

LE
VIOLON DE FRANJOLÉ

AIR DES PASSIONS DE LA RÉGENCE.

I

Qu'il y a des morts qui reviennent.

En 1718, un jeune homme qui avait les cavalières allures d'un grand seigneur se présenta dans le Marais, rue des Minimes, à la boutique d'un menuisier, pour louer une chambre indigne en tout point de devenir le logis d'un gentilhomme; même d'un gentilhomme ruiné.

Le menuisier fut surpris de la demande de l'inconnu.

— Songez, monseigneur, lui dit-il, que cette chambre n'est pas agréable ; j'aime mieux ne pas vous cacher ce qui en est ; je la loue presque toujours à de pauvres filles ou à de pauvres garçons. Vous y seriez mal à votre aise ; il y fait trop chaud l'été, trop froid l'hiver. Il y a deux grandes coquines de fenêtres où le vent de bise a beau jeu ; en outre, la cheminée fume à perdre haleine.

— C'est tout ce qu'il me faut, interrompit froidement le jeune homme. Tenez, voilà vingt louis ; prenez la peine d'acheter quelques meubles à mon usage ; un lit, une table, un fauteuil. Je reviendrai demain.

Le lendemain, le menuisier conduisit l'inconnu à la chambre qui lui était destinée.

L'araignée filait paisiblement sa toile aux solives du plancher, au coin des fenêtres et de la cheminée. L'ameublement improvisé était simple et presque joli. Le menuisier, qui avait loyalement dépensé les vingt louis, croyait bien que le jeune homme allait le remercier, mais celui-ci n'y prit pas garde. Il alla droit à la fenêtre du midi, s'ouvrant sur un parc ; il s'accouda et promena un regard distrait dans les allées de tilleuls et dans les nuages.

— C'est bien étonnant, pensa le menuisier. Que diable peut-on faire dans un tel gîte quand on a si bonne façon et quand on paye si bien ? — Votre nom, monseigneur ? demanda-t-il en tremblant.

— Mon nom ?

Le jeune homme réfléchit un peu et sembla chercher un nouveau baptême.

— Je m'appelle Franjolé ; mais qu'importe ? je ne recevrai ni lettres ni visites. Je suis mort, entendez-vous ?

Le menuisier y regarda à deux fois.

— Ma foi, monseigneur, vous êtes un mort bien original. C'était une bière et non une chambre qu'il fallait me demander ; mais enfin, que votre volonté soit faite.

— Vous êtes un homme d'esprit, tenez, voilà vingt louis pour le loyer.

— C'est beaucoup trop.

— Pour un vivant, c'est possible ; mais pour un mort !

— Je ne veux pas contrarier un revenant d'aussi bonne compagnie, parce que j'ai peur des revenants. Je vous salue et vous remercie monseigneur.

Le menuisier, qui aimait à rire, poursuivit en ouvrant la porte :

— Si par hasard, il vous prenait fantaisie d'habiter un cercueil, pensez à moi, je suis là-dessus très-renommé dans la paroisse. Pour un écu de six francs, vous aurez à ma boutique la plus jolie bière du monde. Et encore je vous y coucherai par-dessus le marché.

— Très-bien, je penserai à vous.

Le même jour, Franjolé. — puisque c'est le nom qu'il se donne, — sortit plusieurs fois pour achever l'ameublement de sa chambre, car le menuisier n'avait pensé qu'aux meubles du corps : Franjolé voulait surtout les meubles de l'esprit. Il acheta des livres, des fleurs et un violon ; un peu de science, un peu de joie, un peu de musique, voilà sans doute comment voulait vivre le mort.

C'était d'ailleurs un mort de belle taille et de bonne mine, quoiqu'un peu pâle et légèrement incliné. Un éclair d'intelligence suprême passait çà et là sur son front bien coupé. La ligne de sa figure était noble et fière. Quoique la tristesse eut jeté son voile sur cette figure, on y découvrait encore des rayons de gaieté. Il avait des cheveux blonds un peu brunissants et des yeux bleus d'une douceur toute féminine ; mais ce qui surtout frappait en lui, c'était je ne sais quoi d'inquiet, d'étrange, de sauvage, qui était fort en harmonie avec la position qu'il prenait dans le monde, c'est-à-dire hors du monde.

II

Ce que Franjolé, le joueur de violon, voyait par sa fenêtre.

Le petit parc qui s'étendait sous une des fenêtres de Franjolé appartenait aux La Châtaigneraye. Le jeune marquis Gaston de La Châtaigneraye, un roué du régent, y venait quelquefois promener ses maîtresses.

Le marquis fut un matin très émerveillé de la musique de Franjolé.

— Il joue du violon comme un ange, dit madame de Saint-Elme, — la maîtresse du jour ; — vous qui jouez si mal, marquis, prenez donc des leçons d'un si bon maître, ou plutôt faites-le venir sous les arbres pour que je l'entende de plus près.

Le marquis dépêcha un laquais vers Franjolé, qui répondit :

— Je ne joue que pour les morts.

La Châtaigneraye, craignant d'avoir blessé dans son orgueil un fier et pauvre artiste, alla lui-même au logis de Franjolé.

— Monsieur, lui dit-il d'un ton doux et simple, je ne viens pas pour moi, mais pour une femme.

— Monsieur, répondit Franjolé, je joue pour moi seul ou pour les absents.

— N'avez-vous jamais joué pour deux beaux yeux ?

— Peut-être.

— Deux yeux noirs veloutés.

Franjolé prit son violon.

— Me voilà prêt à vous suivre.

— A la bonne heure ! Vons ne regretterez jamais d'avoir joué pour de si beaux yeux.

— Avant tout, dit Franjolé en s'arrêtant au haut de l'escalier, je dois vous avertir que je suis rayé du nombre des vivants.

— A votre âge, avec votre bonne mine et votre beau talent !

— Mort et enterré ; il n'y manque rien, pas même l'épitaphe.

— Quelle extravagance !

— Je vous parle avec le plus grand sérieux du monde. Ainsi je suis un revenant ; traitez-moi comme tel. Ne vous fâchez point si je ne réponds point quand vous me parlerez ; vous n'avez affaire qu'à mon violon. Accordez-moi le silence et la liberté.

— Tout ce qu'il vous plaira ; mais, de grâce, faites que je parvienne à jouer un air d'*Armide* sur le violon. J'ai une jolie main, des yeux ardents, une bouche passionnée ; ne trouvez-vous pas que je prendrais tous les cœurs en jouant du violon ? Ce serait à la cour un nouveau genre de séduction. Mais partons.

— J'oubliais, s'écria Franjolé en déposant son violon, que j'ai promis à mes yeux ou à mon cœur de rester encore une heure à mon autre fenêtre.

— Que voyez-vous par cette fenêtre ?

— Un songe ; mais ne me demandez rien. Un de ces matins j'irai vous voir.

— Mais aujourd'hui ma maîtresse vous attend.

— Elle reviendra.

— Qui sait si ce n'est pas le dernier jour que nous passons ensemble ?

— Tant pis, tant mieux, comme il vous plaira. Je ne sortirais pas à cette heure pour un paradis peuplé d'odalisques.

Le marquis eut beau prier, Franjolé ne le voulut pas suivre ce jour-là.

Que voyait-il donc par la fenêtre ?

En face il y avait un petit hôtel de brique à coins de pierre, bâti sous Louis XIII, isolé des maisons voisines par un parc planté d'arbres touffus. Cet hôtel pouvait bien rappeler un peu le château de la Belle au Bois-Dormant ; on y dormait pas, mais on s'y cachait ; il semblait que les habitants y vécussent de la même vie que Franjolé. Il y avait là un mystère.

Quoique voisin, le joueur de violon, souvent penché à sa fenêtre, n'avait pu voir ce qui se passait dans cet hôtel. Lui qui ne tenait plus à ce monde, ce monde où était son tombeau, il sentit renaître sa curiosité en face de ce mystère. Qui pouvait se cacher là ? Après bien des stations à la fenêtre, Franjolé découvrit un matin une main blanche qui jetait, en entrouvrant un volet, une pièce de monnaie à un pauvre joueur de flûte.

III

La Châtaigneraye et Richelieu.

La maison que la famille de La Châtaigneraye possédait dans le Marais n'était pas habitée depuis longtemps, si ce n'est par le marquis les jours de bonne fortune. On n'avait pas encore inventé les petites maisons ; cependant les roués avait déjà çà et là un *réduit* où se passaient en mystère quelques-unes de leurs aventures galantes. Richelieu écrivait vers ce temps-là à Nocé, son compagnon en bonne fortune : « J'ai découvert un *réduit* digne de
» servir de temple à la déesse d'Amathonte ; il n'y
» manque aujourd'hui que les prêtresses et des vic-
» times ; mais venez y souper demain en belle

» compagnie, il n'y manquera plus rien. » La maison de La Châtaigneraye pouvait donc passer pour un *réduit* où l'on soupait en belle compagnie.

Cette maison était déjà célèbre dans le monde des grands seigneurs et des grandes dames. Plus d'un duc y avait déjeûné, témoin le duc de Richelieu ; plus d'une marquise y avait soupé, témoin la marquise de Courthuys. On s'était battu en duel dans le parc ; en un mot, tout ce qui était de bel air alors avait passé par là.

Un matin, Franjolé, voyant les volets ouverts, y alla par fantaisie et par curiosité. Quoiqu'il se fût pour toujours séparé des vivants, il n'était pas fâché de voir de temps en temps leur façon de vivre.

— Vous arrivez bien à propos, lui dit un valet d'un air dédaigneux ; il y a là deux grandes dames qui font antichambre dans les deux boudoirs. Monsieur le marquis a reçu des dépêches de la cour ; M. de Richelieu a déjeûné avec lui : vous comprenez.

— Je ne veux pas comprendre, murmura le musicien ; mon violon ne fera jamais antichambre, ni moi non plus. Dites à M. de La Châtaigneraye que je suis là.

— Vous avez raison, corbleu ! dit le marquis, qui venait d'ouvrir la porte. Un musicien qui court ne fait pas son chemin. Passez dans ce salon, vous arrivez bien à propos. Il y a là au voisinage des femmes qui s'ennuient, vous allez préluder un peu. Hélas ! pourquoi n'en suis-je plus aux préludes avec elles ?

Franjolé vit en entrant trois ou quatre personnages galamment équipés.

— L'heure du berger ! dit un jeune fat qui fit semblant de se souvenir. Il y a une autre heure qui a bien son charme, l'heure du dernier rendez-vous. On ressaisit alors dans une étreinte brûlante toutes les chimères de la passion.

— Enthousiaste ! s'écria Richelieu, dites plutôt qu'on étreint tous les fantômes de l'amour. Aussi je ne vais jamais au dernier rendez-vous.

Franjolé se mit à jouer un air dont tout le monde fut ravi.

— De qui cette musique ? lui demanda La Châtaigneraye.

— De moi, si j'ai bonne mémoire.

— Que ne faites-vous des opéras, mon cher ?

— Je me joue des opéras à moi-même, quand je ne goûte pas toute l'harmonie du silence.

— Vous êtes donc amoureux ?

— Peut-être, dit tristement Franjolé.

— Amoureux de qui ? amoureux de quoi ?

— J'aime une main blanche qui apparaît presque tous les matins à une fenêtre pour jeter un petit écu à un pauvre diable de joueur de flûte qui se traîne de porte en porte dans l'équipage de Bélisaire.

— Je comprends pourquoi vous ne vouliez pas me suivre l'autre jour, dit La Châtaigneraye, le bras est-il joli ?

— Je ne vois que la main ; le bras est voilé d'une longue manche de dentelles.

— Et à qui appartient cette main ?

— Je ne sais pas, je n'ai pas cherché à le savoir. J'aime cette main ; j'espère la toucher un jour du bout de mes lèvres ; en attendant, je joue du violon : voilà toute l'histoire de mon cœur.

— O disciple de Platon ! s'écria Richelieu ; quelle erreur est la vôtre ! L'amour est une ivresse. Or comment s'enivrer sans mordre à la grappe ?

Disant cela, le duc prit son feutre et partit. Il fut suivi des jeunes seigneurs qui avaient déjeuné chez La Châtaigneraye. Seul avec Franjolé, le marquis détacha son violon.

— Votre amour est un singulière fantaisie.

— L'amour est un rêve dans ce sommeil agité qui s'appelle la vie, un rêve qui nous montre le bonheur.

Le rêve qui me montre le bonheur, c'est la blanche main que je vois passer à la fenêtre.

— C'est étonnant, pensa le marquis ; on dirait que cette main me fait signe d'aller à elle. Décidément me voilà aussi devenu amoureux de cette main.
— Franjolé ! vous voyez qu'il m'est impossible de prendre ici une leçon de musique. Quand je suis en *la*, l'amour dit *si*. Demain, j'irai prendre une leçon dans votre sauvage retraite. Ce sera pour moi une distraction.

— A votre aise. Mon logis n'a pas trop bonne mine, vous le savez ; mais, quand on va chez un musicien, on ne regarde pas, on écoute.

La Châtaigneraye, demeuré seul, jura qu'il arriverait à la main blanche du petit hôtel de la rue des Minimes.

Le marquis était un vrai gentilhomme de point en point, des pieds à la tête ; il était bien taillé, non pas en Hercule, mais en Apollon. Il s'habillait avec fracas, mais avec une élégance originale. En garçon d'esprit, il ne s'en rapportait pas à son habit pour ses conquêtes : il était toujours sur le qui-vive, jetant à propos un regard passionné ou un mot spirituel.

Quoique à peine âgé de vingt-quatre ans, il était alors l'homme à la mode parmi les femmes ; il était même plus recherché que le duc de Richelieu. Il avait d'ailleurs gagné ses éperons d'or sur le champ de bataille et à la Bastille. Il tenait haut son épée et sa dignité. Son cœur était déjà, comme on l'a dit, une girouette emflammée ; il avait de l'esprit, surtout avec les femmes ; mais ce qui séduisait en lui, c'était sa figure pleine de grâce et de charme, toujours souriante et moqueuse, toujours illuminée par l'amour. Il lui fallait un calendrier pour se rappeler ses bonnes ou mauvaises fortunes. D'abord, comme tous les roués du régent, il avait couru des aventures périlleuses pour émerveiller les belles dames oisives ou infidèles. Outre qu'il était beau et spirituel, le marquis était prodigue; il jetait l'argent à pleine main ; il ne comptait jamais, même avec les pauvres. Cette façon de traiter la fortune a toujours ravi les femmes, qui, en cette occurence, comparent, sans trop de raison, le cœur de l'homme à sa bourse. Enfin La Châtaigneraye était à la mode comme les robes de l'Inde, les points de Flandre ou les mules de satin garnies de cygne. A la cour et à la ville il était indispensable d'avoir aimé le marquis de La Châtaigneraye.

IV

Pourquoi le chevalier de Champignolles était l'ami du marquis de La Châtaigneraye.

Les dames qui faisaient antichambre chez La Châtaigneraye étaient la vicomtesse d'Ormoy et la chevalière d'Espremont. Ces dames n'étaient plus pour notre héros que des maîtresses de la veille.

Le marquis divisait ses conquêtes en trois chapitres. Le premier chapitre, intitulé : *Évanouissements*, renfermait les maîtresses de la veille ; le second chapitre, intitulé : *Échelle de soie*, renfermait les maîtresses du jour ; enfin le dernier chapitre intitulé : *la Bataille*, renfermait les maîtresses du lendemain.

Or, à propos de la vicomtesse d'Ormoy et de la chevalière d'Espremont. La Châtaigneraye ne savait comment retirer son enjeu sans encourir toutes les mésaventures du premier chapitre. Il trouvait bien un certain charme à voir pleurer de jolis yeux : une femme qui pleure bien répand encore une poignante volupté dans le cœur de son amant ; mais rien ne lasse si vite que les larmes, fussent-elles des perles ; or La Châtaigneraye avait déjà trop égrené de perles en pareille rencontre.

Il allait tout simplement renouveler une comédie

qui se dénoue toujours bien, c'est-à-dire mettre en présence les deux dames, quand son valet de chambre annonça M. le chevalier de Champignolles.

— Vous arrivez à propos, chevalier, dit le marquis en lui tendant la main avec plus de bonne grâce que de coutume.

— Puis-je savoir l'à-propos? demanda le chevalier en regardant son épée en homme qui va pourfendre le genre humain.

— Vous qui depuis six semaines vous faites si vaillamment mon second en aventures galantes, venez à mon secours, ou je suis perdu.

— Je devine : un mari qui prend mal la chose?

— C'est bien pis.

— Un frère de l'ancien temps qui veille sur l'honneur de la famille?

— Vous n'y êtes pas.

— Un amant détrôné, ou plutôt dépossédé?

— C'est bien pis ! un duel à bout portant avec deux maîtresses que le diable laisse oisives tout exprès pour me faire damner.

— Vous comprenez que je suis un chevalier trop courtois pour être votre second en cette affaire épineuse.

— Bien mieux, je vous laisse le duel à vous tout seul.

Là-dessus, La Châtaigneraye prit son chapeau et son épée, sonna son laquais, demanda son carrosse et sortit en chantant un air de ballet, sans s'inquiéter le moins du monde du chevalier, de la vicomtesse d'Ormoy et de la chevalière d'Espremont.

Champignolles était un gentilhomme de bonne lignée par sa mère et par sa fortune. Fraîchement débarqué de la province, il s'était attaché avec obstination aux aventures de La Châtaigneraye ; c'était son clair de lune. Il le prônait partout ; il quadruplait le nombre de ses conquêtes ; il rimait sur lui des madrigaux où il le comparait à Mars et à Apollon. Le pauvre chevalier était un peu, beaucoup, passionnément ridicule. Pour racheter cela, il avait assez mauvaise tournure ; on disait dans le monde qu'il portait son regard de travers comme son épée. Il affichait des prétentions à mourir de rire. Quand il avait dit : *Je suis le second du marquis de La Châtaigneraye*, il croyait avoir tout dit ; il se regardait tendrement, jetait sa main sur son épée, et, s'il y avait des dames, il daignait détacher son regard de lui-même, pour les incendier par ses œillades idolâtres.

La Châtaigneraye, voyant un gentilhomme de si bonne volonté, ne le désavouait pas pour son second ; mais, si le premier était un artiste en amour, le second n'était qu'un praticien : Champignolles ébauchait la statue, La Châtaigneraye la signait. Sur le théâtre de l'amour, quand le duc était fatigué de son rôle, il laissait la place au chevalier ; mais le pauvre chevalier était toujours sifflé à outrance.

Le jour où vous le voyez entrer en scène, il joua assez mal ce rôle difficile de mettre à la raison deux cœurs de femmes ; mais s'il fut sifflé, que nous importe ? l'histoire n'est pas là.

V

Le chemin de la science.

Le lendemain matin, vers onze heures, un carrosse traîné par des chevaux fringants vint troubler la musique de Franjolé. Le joueur de violon, ouvrant sa fenêtre, reconnut l'équipage du marquis de La Châtaigneraye.

— Salut à votre cage, mon cher oiseau chanteur. C'est donc ici que vous gazouillez tout à votre aise ! A ma première visite, je n'avais rien vu.

Le marquis promena un regard distrait autour de lui. La chambre de Franjolé était curieuse à étudier. Sur les murailles, placardées de musique, serpentaient des guirlandes d'herbes et de fleurs desséchées. Franjolé herborisait beaucoup depuis quelques jours. Une bibliothèque des plus variées servait à peu près de tapis de pied, ce qui fit dire à La Châtaigneraye : « Vous foulez la science à vos pieds. » Les livres étaient en si grand nombre, que, pour aller à la fenêtre, Franjolé avait pratiqué un sentier sinueux.

— Quel sentier hérissé d'épines, maître Franjolé ! dit le marquis, ne sachant où poser hardiment ses pieds.

— Il n'y a pas de chemin plus long au monde, répondit le joueur de violon. Il m'arrive souvent d'être une heure ou deux pour aller de mon lit à ma fenêtre ; je rencontre tant de bavards sur mon chemin, que je me laisse attarder malgré moi. Si je n'avais la bonne volonté d'arriver, je crois que je mourrais en chemin. Hier encore, Scarron, Montaigne et Rabelais m'ont tenu toute la soirée par le bouton de mon habit. Ils ont tant parlé, que j'en ai encore les oreilles toutes bruissantes.

— Croyez-moi, Franjolé, au lieu de lire Rabelais, Montaigne et Scarron, lisez plutôt dans le cœur des femmes.

— Je vous croyais amoureux, et je vous trouve philosophe.

— Dieu me garde de la philosophie !

— Peut-être suis-je amoureux ; mais non pas comme vous l'êtes si souvent, monsieur le marquis ; moi, je ressemble au voyageur altéré qui se repose au bord de la source sans oser y mouiller ses lèvres ardentes, de peur d'y troubler l'eau.

Le marquis de La Châtaigneraye était arrivé à la fenêtre.

— Savez-vous, maître Franjolé, que vous avez là un beau point de vue ?

— Oui, des cheminées, des fenêtres, des toits et des gouttières.

— *A propos*, n'est-ce pas à cette fenêtre que vous voyez tous les jours, vers midi, apparaître la petite main blanche ?

— *A propos*, répondit Franjolé, il est temps de prendre notre leçon.

— Ce petit hôtel du temps de Louis XIII est charmant ; rien n'y manque. Quel est donc le sculpteur assez peu soucieux de son œuvre pour avoir travaillé à ces fenêtres que personne ne voit ?

— Ce qui est beau n'est jamais perdu. Est-ce que je ne vois pas ces fenêtres, moi ? Il me semble que je dois compter pour quelqu'un, avec ma passion pour la musique.

— Si vous connaissez le grand livre héraldique, expliquez-moi donc cet écusson.

— C'est un écusson de fantaisie, qui va à tout le monde.

— Quoi ! cette maison n'est jamais plus animée qu'en ce moment ?

— Jamais ! Il n'y a que les cheminées qui donnent signe de vie. Le matin, une vieille gouvernante ouvre les contrevents ; le soir, elle les referme : voilà tout. Mais que vous importe, à vous comme à moi ?

— Je suis violemment curieux.

— Peut-être en verriez-vous davantage de cette petite fenêtre en lucarne, là-bas, au troisième toit.

— Elle s'ouvre sur le jardin de l'hôtel. J'ai plus d'une fois pensé à la prendre d'assaut, coûte que coûte ; mais je suis si paresseux !

— Il y a une jolie fille à cette petite lucarne.

— Oui, cela complique la question ; on resterait peut-être en chemin.

A cet instant, le vieil aveugle qui jouait de la flûte préluda devant l'hôtel.

— C'est un avertissement qui nous est donné de prendre notre leçon, monsieur de la Châtaigneraye.

— Accordez-moi le temps d'écouter ce pauvre homme.

— Quand il joue, je couvre sa musique par la

mienne, par égard pour mes oreilles ; je ne souffrirait pas que les vôtres...

— Sa flûte a des sons fort doux, en vérité.

Franjolé se plaça fièrement devant le jeune marquis :

— Vous n'êtes pas ici au spectacle, j'imagine.

— Que diable ! laissez-moi le loisir de faire l'aumône à cet aveugle.

— Vous empêcheriez, je n'en doute pas, la main blanche de faire l'aumône à l'avenir dans cette rue.

Franjolé ferma la fenêtre d'un air résolu. Le jeune marquis se résigna à prendre une leçon.

— Je ne suis pourtant pas venu pour cela, se disait-il.

— Attendez, murmura tout à coup Franjolé ; il faut que je passe mon archet au grand air.

Le joueur de violon r'ouvrit la fenêtre. La Châtaigneraye le suivit à pas de loup dans le *sentier de la bibliothèque*. Il découvrit du premier regard que la fenêtre s'entr'ouvrait.

— Prenez donc garde, monsieur le marquis, s'écria Franjolé avec colère ; voilà un beau dégât dans ma bibliothèque !

— Au diable soient la bibliothèque et le joueur de violon ! s'écria le jeune marquis sur le même ton ; le ciel s'est ouvert.

— Et vous n'avez pas vu un ange ? Mais, si vous m'en croyez, j'irai vous donner mes leçons à votre hôtel.

Quand La Châtaigneraye fut parti, Franjolé se promit de ne plus dire à personne ce qu'il avait dans le cœur.

VI

Profil de mademoiselle Rose-Rose.
Pastel de la comtesse de Nestaing.

Sur le soir, La Châtaigneraye rencontra à l'Opéra le chevalier de Champignolles.

— Chevalier, si vous n'avez rien à faire, je vous enseignerai le chemin d'une aventure.

— Dites toujours, le nombre des conquêtes ne m'effraye pas, vous le savez.

— Hercule, en effet, entreprit douze travaux. Venez demain me prendre.

Le lendemain, le marquis et le chevalier allèrent dans la rue des Minimes en fort mince équipage, crainte d'éveiller les curiosités du voisinage ou même de l'hôtel.

— Chevalier, dit La Châtaigneraye en indiquant du doigt la lucarne, il faut commencer par là. Vingt louis, de l'esprit et de l'audace, vous avez de tout cela à profusion : voilà plus qu'il n'en faut pour vous rendre maître de la place. Une fois arrivé là, avertissez-moi.

La jolie habitante du grenier apparut alors pour étendre une robe sur le toit.

— Ah ! qu'elle est jolie ! s'écria Champignolles.

— Ce n'est que la porte d'un beau jardin. Ne perdez pas de temps. Adieu, chevalier.

La Châtaigneraye était devenu très-sérieusement amoureux de la dame si bien cachée dans le petit hôtel de la rue des Minimes. Jusque-là, le jeune marquis n'avait guère aimé qu'à l'opéra ou à la cour, ce qui était la même chose, car des deux côtés, l'amour n'avait pour horizon que le ciel du lit. La Châtaigneraye aimait cette fois avec curiosité et avec rêverie ; non pas avec cette rêverie un peu allemande qui change aujourd'hui nos maîtresses en belles visions qui ne sont pas des femmes, mais avec cette rêverie romanesque qui aspire à la passion.

La jolie fille de la lucarne ne se sauvait de la misère qu'à force de travail. Elle avait hérité de l'aiguille d'or des fées ; il lui arrivait même de faire des fleurs et de monter des plumes. Jusque-là, elle avait presque toujours résisté aux tentations de l'amour. Elle avait aimé un soldat aux gardes françaises « parti pour la guerre, » comme tous les soldats amoureux. Ç'avait été sa seule passion ; elle avait pleuré le fugitif et elle s'était consolée en chantant. Elle était aussi gaie que jolie : elle chantait en s'éveillant comme l'alouette matinale ; le soir, en dégrafant son corsage, elle chantait encore.

Le chevalier de Champignolles arriva en silence à sa porte par un escalier noir et tortueux. Il frappa. Quoiqu'elle fut en train de peigner ses beaux cheveux, elle vint ouvrir sans faire attendre.

— Vous vous trompez de porte, dit-elle en relevant sa chevelure.

— Nenni, nenni, ma belle ; quand on vous voit par la fenêtre, on vient frapper à votre porte.

— Je ne vous comprends pas, je ne veux pas vous comprendre.

Le chevalier de Champignolles, qui était après tout un homme résolu, parvint pourtant à se faire comprendre de Rose-Rose, — c'était le nom de cette fille, — il lui promit de l'épouser, de la promener en carrosse, de lui donner une robe des Indes ; enfin il mit en œuvre toutes les ressources de la séduction — argent comptant.

Il alla retrouver La Châtaigneraye de l'air du monde le plus flambant.

— Nous avons vu, nous avons aimé, nous avons vaincu, dit-il en caressant sa moustache.

— A merveille ! s'écria le jeune marquis : nous irons ensemble désormais chez la demoiselle.

Ils retournèrent bientôt dans la rue des Minimes. Rose était à sa fenêtre. Ils montèrent quatre à quatre à sa petite chambre. Le chevalier entra comme chez l'ennemi. Le marquis alla droit à la fenêtre.

— Que diable avez-vous à regarder par cette fenêtre ? demanda le chevalier en pirouettant.

— Un beau point de vue, dit La Châtaigneraye ; vous êtes heureux, mon cher, d'avoir une maîtresse si haut placée.

Tout en disant ces mots, le marquis avait vu, par un coup d'œil rapide, que cette fenêtre était la seule donnant sur le jardin du petit hôtel.

— Mon cher chevalier, poursuivit-il en s'inclinant avec une grâce un peu moqueuse vers Rose-Rose, une si jolie fille doit habiter un palais ; cette pauvre chambre est indigne de ces yeux-là. Si j'étais aussi heureux que vous, je ne réfléchirais pas cinq minutes pour enlever cette jeune colombe. Je vais retourner à mon hôtel ; voulez-vous que je vous envoie mon carrosse ?

— Vous êtes trop charmant, dit le chevalier. Je suis touché de tant de bonne grâce et de dévouement.

— N'est-il pas convenu que ma fortune, mon cœur et mon carrosse sont à vous ?

La Châtaigneraye sortit après avoir jeté un dernier regard dans le jardin.

— Pourquoi votre ami est-il venu ici ? demanda la jeune fille au chevalier en refermant la porte.

— Pour être témoin de mon bonheur ; vous ne savez pas comme celui-là est dévoué à ses amis, mais à moi surtout.

Le même jour, sur le soir, La Châtaigneraye revint à la chambre de Rose-Rose, qui se pavanait alors dans le boudoir indiscret de Champignolles. Le marquis ne put s'empêcher de rêver au sort de cette jeune fille, en voyant son lit désert, ses robes pendues çà et là, ses rubans épars, ces mille rien à l'usage de toutes les femmes, mêmes des plus pauvres.

— Quel curieux enchaînement, pensait-il en s'accoudant sur le toit. La belle duchesse aime le violon. Je prends un maître pour parvenir à jouer le sentiment ; mon joueur de violon me parle d'une main blanche qui me fait perdre la tête ; je me laisse prendre à un amour tout hérissé d'obstacles ; je fais un pas aujourd'hui ; mais voilà que je détourne cette fille de son chemin. Tous les chemins ne vont-ils pas au ciel ? Rose-Rose en sera quitte pour passer par le repentir.

Comme le marquis achevait ces paroles, une jeune dame traversa le jardin. Quoiqu'elle fût assez éloignée et à demi cachée par les arbres, il décida qu'elle avait une jolie figure.

— En vérité, dit-il, je ne m'étonne pas que je l'aie aimée avant de l'avoir vue. Cet hôtel est un château des *Mille et une Nuits !*

Il suivit ardemment la jeune dame d'un regard ravi. Elle se promenait sans but, ou plutôt dans le but de se promener. Elle effeuillait en passant toutes les roses un peu flétries. C'était un charmant spectacle de la voir soulever par intervalle sa robe blanche, dont la queue s'accrochait aux épines. Les boucles légères de sa chevelure étaient çà et là soulevées par le vent attiédi du soir. A chaque instant, sa jolie main rejetait sur le côté ces boucles rebelles qui l'aveuglaient. En moins de quelques minutes, La Châtaigneraye en devint enthousiaste. Toutes les femmes qui l'avaient ébloui jusque-là s'évanouirent comme les étoiles quand le soleil se lève.

Après quelques détours dans le jardin, après bien des roses effeuillées, après avoir foulé ou secoué du pied le réséda et le romarin, la dame rentra à l'hôtel d'un air de mélancolie.

La Châtaigneraye, qui n'était pas amoureux des nuages comme on l'est en notre temps, abandonna tout de suite son observatoire, en proie à mille desseins plus extravagants les uns que les autres. Comment arriverait-il à séduire la dame ?

C'était là une conquête dont eût désespéré Richelieu lui-même ; mais, en amour, il ne faut jamais désespérer. Le marquis pensa d'abord à descendre tout simplement dans le jardin ; mais il réfléchit bientôt que c'était là un moyen violent ; en outre, il risquait de se casser le cou dès le premier chapitre. Il remit cet expédient à des temps meilleurs. Il finit par décider, après avoir bien divagué, comme font tous les amoureux, qu'il aurait encore recours au chevalier de Champignolles pour entrer en campagne.

Il jugea à propos d'interroger les gens du voisinage ; il parvint sans peine à savoir ce qu'on disait au dehors des habitants de l'hôtel. C'était une jeune veuve et sa mère qui vivaient là à peu près solitaires ; un grand malheur les avait exilées de leur province ; elles passaient tristement leurs jours, n'ayant pour toute compagnie que trois ou quatre conseillers, vieux amis de la mère, un abbé et une dame de la cour. La jeune veuve était connue sous le nom de la comtesse de Nestaing, et sa mère sous le nom de la comtesse de Grandclos ; mais on croyait que toutes deux se cachaient sous des noms imaginaires. La comtesse de Nestaing cherchait des distractions dans la lecture, la musique et le dessin. Elle oubliait ses peines dans les peines imaginaires de quelque héroïne de roman. Elle jouait très-agréablement du clavecin ; elle peignait au pastel avec une légèreté féerique : c'était déjà avant La Tour, « un brouillard semé de roses. » Elle ne sortait guère que deux fois par semaine : le dimanche pour aller à la messe, le jeudi pour une promenade à la place Royale. En bon catholique, La Châtaigneraye pensa tout de suite à la suivre à la messe le dimanche ; mais le moyen lui sembla un peu vieux ; d'ailleurs il augura mieux du jeudi, parce que ce jour-là la comtesse ne rentrait qu'à la brune.

VII

Manière un peu hasardée de séduire une femme.

Et La Châtaigneraye parla ainsi au chevalier :
— J'ai découvert pour vous une autre aventure.
— Ah ! marquis, comment reconnaître jamais toute votre bonne grâce ? Quelle est donc cette nouvelle aventure ? En vérité, j'y perds la tête et le cœur.
— Où il n'y a rien, le roi perd ses droits ; mais

allons droit au but. Tous les jeudis, de sept à huit heures, une jeune veuve, qui n'est pas aussi larmoyante que la matrone d'Éphèse, retourne seule, suivie d'une camériste, de la place Royale à la rue des Minimes. C'est la plus belle femme du monde ; elle couronnerait l'œuvre de vos conquêtes ; ce serait un nouveau diamème à votre renommée. Vous ne pouvez vous dispenser...

— De quoi faire ?
— De l'enlever.
— Et qui me délivrera de Rose ?
— Allons donc ! est-ce qu'un homme comme vous doit songer aux maîtresses passées ? Je vous le dis encore, vous ne pouvez vous dispenser d'enlever cette veuve ; c'est un moyen violent, mais sûr. Une femme a toujours la plus grande vénération pour celui qui l'enlève. De l'audace, mon cher ; c'est un mot inscrit sur l'étendard de l'amour.

Vint le jeudi ; le marquis et le chevalier se promenèrent sur le soir à la place Royale. La Châtaigneraye. n'eut qu'à montrer madame de Nestaing pour que Champignolles devint follement épris de cette douce et sauvage beauté. Ce soir-là, elle avait tout son éclat et toute sa grâce. Un sourire enchanteur quoique légèrement attristé, promenait son âme sur sa figure noble et pâle ; ses beaux cheveux noirs étaient plus galamment bouclés que jamais. Elle éclipsait toutes les dames de la promenade.

Et La Châtaigneraye saisissant la main du chevalier :

— Eh bien, chevalier, que dites-vous de celle-là ?

— Je l'aime déjà à la folie. Mais vous-même ? vous vous métamorphosez donc en statue de marbre?

— Que voulez-vous ? j'ai tant aimé depuis six mois !

— Les plus grands trésors s'épuisent, enfant prodigue que vous êtes.

— Vous ne voyez pas la dame qui s'en va. Voilà l'heure qui sonne.

— En vérité, je tremble un peu à la seule idée...

— Vous tremblez ! vous que je croyais si digne de moi ?

— Je tremble d'amour.

— A la bonne heure ! Suivez-la donc, et à l'amour comme à la guerre. Songez que si vous menez cette aventure à bonne fin, le régent émerveillé poussera son admiration pour vous jusqu'à vous reconnaître pour un de ses roués. Vous n'oubliez pas que mon carrosse est à vos ordres dans la rue.

Ils se quittèrent là-dessus. Le chevalier ordonna à son valet de pied de se tenir prêt au moindre signal.

Il suivit la dame d'assez loin d'abord, en proie aux battements de cœur les plus violents. Peu à peu il gagna du terrain, mais sans oser s'avouer qu'il suivait la dame pour l'enlever. La nuit tombait; déjà les rues étroites étaient obcurcies; madame de Nestaing allait de plus vite en plus vite, se retournant à demi par intervalle pour voir si sa camériste la suivait toujours. Sur un signal du chevalier, son valet prit à partie cette fille, d'un naturel distrait. La rue où l'on était alors devenait déserte. Le chevalier comprit qu'il n'y avait pas de temps à perdre. Il joignit madame de Nestaing, l'arrêta sans façon et lui dit avec l'accent le plus comique:

— Madame je vous aime et je vous enlève.

Madame de Nestaing s'imagina d'abord avoir affaire à un fou; elle se contenta de rire et de passer; mais Champignolles tint bon dans sa façon de penser et dans sa façon d'agir. Alors la jeune dame, peu habituée à de pareilles rencontres, pâlit, chancela et poussa un cri:

— Chloé! Chloé!

La suivante ne répondit pas; le valet avait mieux manœuvré que le maître.

— Au secours! reprit madame de Nestaing en se débattant.

— Je suis un galant homme, dit vivement le chevalier, voyez plutôt mon carrosse qui s'avance. Holà ! Jeannot ! viens à moi.

Madame de Nestaing, perdant la tête, se remit à crier. La Châtaigneraye, caché dans l'ombre d'une porte, jugea à propos d'entrer en scène. Il se jeta l'épée à la main sur le chevalier, qui, déjà à moitié mort de peur, abandonna tout à coup la partie.

Le jeune marquis saisit la main de la dame avec le respect le plus touchant :

— Madame, daignez me permettre de vous conduire à votre hôtel.

Avant que la dame eût le temps de répondre, le chevalier de Champignolles, qui n'était pas un lâche, revint sur ses pas l'épée à la main, résolu à pourfendre cet autre don Quichotte, apparu si mal à propos. La Châtaigneraye, qui eût répondu à dix épées comme celle du chevalier, se contenta de le désarmer. A ce trait, Champignolles reconnut le marquis.

— Silence ! s'écria La Châtaigneraye, ou bien vous êtes mort !

Tout irrité qu'il fût, le chevalier s'éloigna sans dire un mot.

La Châtaigneraye rengaîna avec une grâce parfaite ; après quoi, il poursuivit son œuvre.

— Madame, je suis trop heureux qu'un hazard

3

providentiel m'ait conduit dans cette rue pour vous sauver d'un pareil guet-apens.

Madame de Nestaing ne répondit pas ; l'épouvante l'avait saisie ; elle ne comprenait plus rien à tout ce qui se passait.

— Madame, reprit La Châtaigneraye, mon carrosse est là, daignez y monter pour retourner à votre hôtel.

— Ce n'est pas la peine, dit madame de Nestaing toute tremblante, mon hôtel est à deux pas d'ici.

— Accordez-moi, au moins, madame, la faveur de vous accompagner.

La comtesse ne répondit pas, mais elle appuya sa petite main sur la manchette du marquis. Ils arrivèrent en silence devant l'hôtel ; pendant que le marquis soulevait le marteau de la porte, madame de Nestaing lui fit un signe d'adieu ; mais il ne voulait pas sitôt la perdre de vue.

— Madame, lui dit-il en s'inclinant pour la laisser passer, je prendrai la liberté de venir demain savoir de vos nouvelles.

— Vous serez le bien-venu, monsieur, ma mère sera heureuse de vous voir...

— Alors, daignez me permettre...

Le marquis suivit sans façon la comtesse. Ils joignirent dans l'escalier un vieux conseiller avec qui ils entrèrent dans le salon. La mère de la comtesse faisait sa partie d'échecs avec un abbé. Quoiqu'elle aimât le jeu, elle commençait à avoir un peu d'inquiétude sur le retard inaccoutumé de sa fille ; à chaque minute, elle interrogeait la pendule ; l'abbé, qui n'était pas charitable, profitait de ses distractions. Quand elle vit entrer la comtesse toute pâle et toute en désordre, en compagnie du conseiller et du marquis, elle se leva avec une curiosité soudaine.

— Bonsoir, conseiller ; que vous est-il donc arrivé, ma fille ?

— Une aventure incroyable ! répondit la comtesse en tombant dans un fauteuil.

Le marquis vint saluer madame de Grandclos.

— Maman, reprit la comtesse, accueillez monsieur comme mon sauveur. Vous ne devineriez jamais ce qui vient de m'arriver. Je croyais qu'on n'enlevait les femmes que dans les romans. Eh bien, j'ai été surprise tout à l'heure par un fou qui voulait m'enlever sans plus de façon. Il n'a fallu rien moins qu'une vaillante épée pour me délivrer de cet audacieux.

Madame de Grandclos se tourna vers le marquis :

— Comment reconnaître jamais, monsieur, ce que nous devons à votre bravoure ? Daignez vous asseoir, et vous considérer comme chez un ami.

— Cela se voit tous les jours, dit le conseiller ; on n'a jamais enlevé plus de femmes que depuis quelques années. Rien de plus naturel, la cour a donné le signal. Monsieur l'abbé, je vous plains, ou plutôt je ne vous plains pas ; dans vingt ans vous aurez bien des Madeleines repenties à confesser. Pour ne pas aller plus loin, je vous apprendrai qu'une de vos plus jolies pénitentes, mademoiselle Rose-Rose, qu'on voyait toujours à sa fenêtre, si gaie et si chanteuse, vient d'être enlevée, à ce qu'on dit, par le marquis de La Châtaigneraye, un des roués du régent. Dans quel siècle sommes-nous ?

— Hélas ! dit l'abbé d'un air consterné, vers quel abîme allons-nous, grand Dieu ! Cette jeune fille était une des plus fidèles brebis du troupeau.

— Que voulez-vous ? dit le marquis ; il y a autant de loups que de brebis.

— Ce M. de La Châtaigneraye, reprit le conseiller, fait beaucoup de bruit par ses aventures et ses prodigalités. C'est un scandale. Il jette à pleines mains son argent par la fenêtre, il conduit vingt intrigues à la fois ; aussi toutes les femmes raffolent de lui. L'étoile de Richelieu va pâlir devant la sienne.

La Châtaigneraye jugea à propos de donner son avis sur lui-même.

— Je crois bien, dit-il, que le marquis de La Châtaigneraye fait beaucoup de bruit pour rien, et se croit plus d'esprit, plus de femmes, plus d'argent qu'il n'en a, et en ceci on a le plus grand tort de le croire sur parole.

— Vanité des vanités ! s'écria l'abbé en regardant d'un air triste ses échecs renversés.

— Vous connaissez donc le marquis de La Châtaigneraye ? demanda le conseiller au marquis de La Châtaigneraye.

— Oui, monsieur, je l'ai rencontré à la cour ; amoureux de toutes les femmes. Les hommes en disent du mal, mais les femmes ne sont pas du même avis.

Disant ces mots, le marquis s'inclina pour partir. Madame de Grandclos se leva.

— Que nous sachions au moins, monsieur, le nom de celui à qui nous devons tant.

Le marquis, pris au dépourvu, donna le premier nom qui lui vint à l'esprit.

— M. de Riantz, dit-il en s'inclinant une seconde fois.

Quand il fut sorti, ce ne fut dans le salon qu'un cri d'enthousiasme pour ses bonnes façons. Madame de Nestaing ne dit pas un mot. La noble et spirituelle figure de La Châtaigneraye l'avait frappée. Malgré

son effroi, elle avait pourtant remarqué tout ce qu'i
y avait en lui de séduction et d'élégance. Elle avait
vu avec quelle merveilleuse grâce il avait désarmé
son ravisseur. En un mot, il lui apparaissait sous les
dehors les plus charmants. Maintenant qu'il n'était
plus là, elle le voyait mieux encore. Rien ne lui
échappait. Elle se rappelait avec un certain plaisir
inquiet tous les détails de leur rencontre ; elle entendait encore ce qu'il lui avait dit. Toute la soirée
elle fut distraite ; le conseiller eut beau lui parler de
la pluie et du beau temps. Pendant le souper, comme
il lui demandait des nouvelles de son petit chien
Barberousse, elle lui répondit :

— Est-ce qu'il n'y a point des Riantz dans votre
province, conseiller ?

Et elle porta à ses lèvres un verre de vin pur, elle
qui ne buvait que de l'eau. C'était l'amour qui avait
rempli son verre.

VIII

Où l'on va sans le savoir.

La Châtaigneraye n'oublia pas de revenir le lendemain. Il fut très-bien accueilli. La comtesse jouait
du clavecin. Il parla de l'Opéra en homme qui com-

prend la musique. Comme il avait plus que tout autre l'art de parler sans rien dire, il acheva de séduire madame de Nestaing. Cette fois, sa visite fut plus longue ; il eut tout le temps de se mettre à l'aise. Il se familiarisa avec le vertugadin de madame de Grandclos et la physionomie claustrale de l'hôtel.

Le salon avait dans sa simplicité un certain caractère de grandeur. Un disciple d'Audran avait peint le plafond et dessiné quelques arabesques sur les lambris. Une Diane au bain, de l'école du vieux Jacques Vanloo, s'encadrait en dessus de cheminée. Cette Diane répandait un grand charme par son sourire voluptueux et par ses épaules ruisselantes. Elle ne se baignait pas pour elle, mais pour ceux qui la regardaient. Quoique éclairé par quatre fenêtres, ce salon était plus souvent dans le demi-jour ; sur la rue, les contrevents étaient presque toujours fermés ; sur le jardin, même quand on ouvrait les croisées, de lourds rideaux de lampes d'un rouge de sang arrêtaient encore la lumière. La grande cheminée de marbre, largement sculptée, était ornée d'une pendule de Boule travaillée sur ébène et sur écaille, de deux chandeliers d'argent ciselé du temps de Marie Stuart, de deux vases du Japon, où l'on aurait pu planter des orangers de vingt ans.

Madame de Grandclos avait plus de cinquante ans.

En femme d'esprit, elle s'était résignée de bonne heure à être vieille femme. La résignation était d'autant plus méritoire, que cette dame avait gardée certaines fleurs de jeunesse, aimables encore. Elle jouait aux échecs avec passion ; elle disait *dans mon temps* ; elle parlait de son âge ; elle avait trouvé l'art d'être charmante avec des rides. Il faut bien dire qu'un grand malheur était venu la séparer violemment des joies de la vie. Elle s'était retirée du monde : à peine si quelques vieux amis comme le conseiller et l'abbé venaient la distraire dans son exil. Ce grand malheur, personne n'en parlait. C'était un secret de famille enseveli dans le cœur de madame de Grandclos et de madame de Nestaing. Quand elles étaient seules, elles pleuraient ; elles-mêmes ne se parlaient plus de ce malheur. Qu'était-il donc arrivé de si effrayant et de si mystérieux ? quelle sombre catastrophe avait donc frappé ce cœur de mère et ce cœur de jeune femme ? On parlait du veuvage de madame de Nestaing, jamais on ne disait un mot de son mari. Si parfois, dans ses jours les plus désolés, le conseiller, un peu étourdi, cherchait à la consoler sur son veuvage, elle devenait pâle comme la mort et baissait la tête en silence, plutôt comme une victime que comme une coupable.

Il y avait un an à peine que madame de Grandclos

et sa fille habitaient l'hôtel de la rue des Minimes. Pour toute distraction à leur peine, elles se promenaient dans le jardin, même l'hiver ; elles lisaient quelques livres graves, elles écoutaient divaguer leurs amis sur l'histoire du jour ; çà et là madame de Nestaing mêlait ses tristes souvenirs aux notes aiguës du clavecin, ou fixait sur la toile avec ses crayons les nuages de son âme. Le salon était peuplé de quatre figures peintes par elle.

La Châtaigneraye vanta beaucoup ces portraits : c'étaient des figures de femmes ; les physionomies avaient je ne sais quoi de noble et de tendre qui faisait songer à la comtesse.

— Est-ce que ce sont vos sœurs ? demanda le marquis à madame de Nestaing.

— Oh! mon Dieu, non ; ou plutôt ce sont des sœurs imaginaires qui me parlent quelquefois dans la solitude.

— Figurez-vous, monsieur de Riantz, dit madame de Grandclos, que j'aime ces belles créatures comme des amies d'autrefois. D'ailleurs comment ne pas les aimer ? elles sont si faciles à vivre ! L'abbé est très-sérieusement amoureux de celle qui a une couronne de marguerites : l'abbé n'a pas souvent de pareilles pénitentes à son confessionnal. Quand je veux qu'il perde sa partie d'échecs, je n'ai qu'à le placer en face de cette figure.

— Prenez garde, ma mère, dit la comtesse en souriant, l'abbé se vengera.

L'après-midi était des plus belles ; on passa à une des fenêtres du jardin. La Châtaigneraye se trouva un instant seul avec la comtesse.

— En vérité, madame, dit-il en la regardant avec une tendresse brûlante, il doit être doux de vivre ici : en vous voyant on respire si bien l'oubli du monde !

— L'oubli du monde, monsieur ? répondit la comtesse sans trop savoir ce qu'elle allait dire ; il vous sied bien de parler ainsi, vous qui sans doute n'avez pas assez de temps pour courir les fêtes.

— Croyez-moi, madame, les fêtes du monde sont pour moi les fêtes de l'ennui ; j'ai toujours rêvé avec un charme secret une vie oubliée dans les joies du cœur. La solitude et le silence, l'amour sans bruit et sans éclat, voilà ce que je demande au ciel.

— Je ne vous crois pas ; vous parlez comme un sage de la Grèce : or vous êtes à Paris, sous la Régence. On a beau faire, on est toujours de son siècle.

— J'ai débuté avec mon siècle par toutes les folies qu'inspirent la fortune et l'oisiveté ; mais, ne trouvant ni feu ni flammes, ni fleurs ni épines dans tous ces plaisirs qu'on se dispute pour être à la mode, j'ai pris le temps de réfléchir. Eh bien, madame, la réflexion m'a conduit à une tout autre route : me voilà arrivé à espérer un cœur simple pour m'aimer un peu. Songez donc, madame, comme il doit être doux de vivre à deux sous le même rayon de soleil, sous le même arbre, sous le même toit ! Mais comment se fait-il que je vous prenne ainsi à brûle-pourpoint pour confidente de mes rêves ? Pardonnez-moi si je vous parle le même langage que je parlerais à ma sœur.

— Vous avez une sœur ? dit la comtesse d'un air distrait.

— Oui, madame, une sœur presque aussi belle que vous ; c'est la même grâce et la même noblesse, le même regard qui va droit au cœur; mais vos yeux sont plus bleus et plus doux.

— Voilà bien l'amour fraternel ! Je suis sûr que votre sœur est plus belle que moi.

A cet instant, madame de Grandclos survint. Après quelques paroles sans suite et sans raisons, La Châtaigneraye s'inclina et sortit sans dire s'il reviendrait.

— Savez-vous, ma fille, que M. de Riantz est un garçon accompli ? Quelle bonne grâce ! quel naturel charmant ! quel esprit facile ! Il me raccommode avec ce temps-ci.

La comtesse, troublée jusque dans le cœur, ne répondit pas un mot. Elle était effrayée de l'amour du marquis ; car, à coup sûr, ce qu'il venait de lui dire était une bonne et valable déclaration. Elle résolut de ne plus le voir. « D'ailleurs, dit-elle avec un chagrin secret, qui sait s'il reviendra ? »

IX

D'une baronne du temps passé.

On annonça alors la baronne de Montbel : c'était la seule amie de la comtesse. Elles se voyaient toutes les semaines, mais à peine une heure, car la baronne était prise par le tourbillon du monde. Les dames s'étaient connues en province, elles étaient mêmes cousines par alliance. D'un caractère contrastant, elles aimaient à se voir, à se confier, l'une ses peines, l'autre ses plaisirs.

La baronne de Montbel avait vingt-huit ans : comme elle avait beaucoup pirouetté dans sa vie, elle laissait déjà voir les premiers coups d'aile du temps. Peut-être sa beauté n'y avait-elle rien perdu. C'était une beauté moins sévère que celle de madame de Nestaing, mais il y avait bien des séductions dans sa figure un peu chiffonnée. Elle savait à propos mettre en œuvre tous les jeux de physionomie ; on la voyait tour à tour tendre, dédaigneuse, enjouée, languissante ; il ne lui manquait guère que d'être simple et naturelle. Elle poussait jusqu'au génie l'art de se coiffer et de s'habiller. Sa voix était presque de la musique, tant elle avait aimé à s'écouter et à être écoutée. En un mot elle était charmante et frivole des pieds à la tête. Si on voulait parler à son cœur, on n'avait point de réponse, mais son esprit était toujours là prêt à tout. Elle était coquette à faire peur. Vivant loin de son mari, qui cultivait bravement sa terre, elle avait eu des adorateurs sans nombre, peut-être même avait-elle eu des amants, mais on n'osait encore le dire tout haut. Elle était fêtée et enviée dans les plus grands cercles ; elle allait aux bals du Palais-Royal : rien ne lui faisait défaut, ci ce n'est le temps, ce railleur impitoyable qui venge tant de soupirants éconduits.

— Figurez-vous, ma belle, que je n'en puis plus, dit madame de Montbel en se jetant sur le grand canapé ; mon hôtel devient une cour ; je suis obsédée du matin au soir des gentilshommes, des poëtes, des abbés ; ils n'en finissent pas ; c'est insupportable : si j'en avais le temps, j'en tomberais en syncope !

— Tu es bien à plaindre, en vérité ! dit madame de Nestaing d'un air de regret.

— Tout à l'heure encore, je ne pouvais me délivrer du comte de Bellegarde et de M. de Fontenelle. Que ces hommes d'esprit sont souvent des pauvres d'esprit ! Je suis accablée de madrigaux.

— Veux-tu que je te fasse respirer des sels ?

— Je te jure que tu es heureuse de vivre en dehors du monde; ces hommes sont si obstinés, que, quand on les met à la porte, ils reviennent sans même se donner la peine de passer par la fenêtre. Tu sais que je ne suis pas facile à vivre; eh bien, depuis mon arrivée à Paris, avec la meilleure volonté du monde, je n'ai pu parvenir à me fâcher avec qui que ce soit. On persiste à me trouver jolie, charmante, adorable, quand je ne suis qu'une femme ennuyée.

— Ne t'imagine pas, dit la comtesse avec émotion, que je sois à l'abri des aventures : j'ai failli être enlevée.

— Enlevée ! c'est charmant. On s'était donc trompé ?

— Qu'y a-t-il donc d'étrange à cela ? Il me semble qu'on pourrait se tromper plus maladroitement.

La baronne se mordit les lèvres.

— Mais, ma belle, tu ne comprends pas ce que j'ai voulu dire. Certes, tu es bien digne d'être enlevée : je ne me suis récriée qu'à cause de ta vie de recluse.

— Quoi qu'il en soit, j'ai failli être enlevée. Que dis-je ? j'étais déjà dans les bras de mon ravisseur,

quand un M. de Riantz, un marquis, un comte, un
baron, je ne sais, est passé fort à propos.

— Eh bien, moi, à te parler franc, j'en aurais
beaucoup voulu à M. de Riantz. Je n'aurais pas été
fâchée d'être enlevée une fois en ma vie. C'est une
aventure ; n'est pas enlevée qui veut ; et être enlevée quand on ne le veut pas, c'est un magnifique
coup de fortune. Raconte-moi donc toute cette histoire.

— Oh ! mon Dieu, c'est bien simple : hier, je
revenais de la place Royale, où je vais respirer un
peu tous les jeudis pour voir les enfants qui jouent :
tu sais comme je les aime. Il faisait nuit ou à peu
près. Chloé me suivait d'un peu loin, je marchais
sans crainte, ne pressentant guère ce qui allait
m'advenir. Tout d'un coup un homme se jette
devant moi. « Madame, me dit-il, je vous aime et
je vous enlève. »

— Le sot ! s'écria la baronne. Est-ce qu'un galant
homme avertit jamais une femme qu'il va l'enlever ?

— Cependant il avait l'air d'y tenir beaucoup. Il
m'avait sans façon saisie par le corsage ; j'avais beau
me débattre et crier : il m'entraînait vers son carrosse.

— Il avait un carrosse !

— Oui ; mais il avait compté sans M. de Riantz

qui passait dans la rue. M. de Riantz me saisit d'une main, et de l'autre il repoussa victorieusement mon ravisseur.

— Tout à fait comme dans les romans de chevalerie.

C'était sérieux. Le ravisseur ne se tint pas sitôt pour battu, il revint l'épée à la main ; mais en moins de trois secondes M. de Riantz lui fit sauter son arme à l'autre bout de la rue. Après quoi, il me conduisit jusqu'en ce salon, au grand ébahissement de ma mère, de l'abbé de Kerkado et du conseiller Lavergne.

— Patience ! celui-là vaut peut-être mieux que l'autre. M. de Riantz... M. de Riantz... il me semble que je connais ce nom-là.

— Tu le connais ?

— Mais, oui, je l'ai rencontré je ne sais où. Il est charmant, si j'ai bonne mémoire ; est-ce que ce n'est pas ton avis !

— Je le trouve aimable, beaucoup de naturel et de simplicité, en même temps beaucoup de grâce et d'esprit.

— Il serait curieux que tu devinsses amoureuse de ce chevalier servant, de ce redresseur de torts, de ce don Quichotte du Marais !

— Hélas ! dit madame de Nestaing en soupirant,

peux-tu me parler d'amour, à moi que tu connais ? Est-ce que je puis aimer ?

— Eh ! mon Dieu ! une femme n'aime jamais que quand elle ne peut pas aimer. Moi, par exemple, rien ne m'empêcherait ; eh bien, je n'ai pas le cœur à l'amour. Est-ce que tu verras M. de Riantz ?

— Je n'imagine pas, il a bien autre chose à faire. D'ailleurs, à quoi bon le revoir ? il prendrait peu de goût à notre solitude. Il n'est pas d'âge ni d'humeur à vivre dans une cellule.

— Qui sait ? pour faire pénitence avec toi. Il faudra que je demande à M. de La Châtaigneraye ce qu'il pense de ce monsieur de Riantz ; il doit le connaître, lui qui va partout, lui qui a tous les jours un rendez-vous pour se battre ou pour aimer. M. de La Châtaigneraye, voilà à coup sûr le plus charmant roué du régent. Que d'autres vantent M. de Richelieu et M. de Nocé, moi, je suis pour La Châtaigneraye.

— Je ne comprends guère cette passion mal entendue. J'ai ouï parler de ce jeune seigneur, qui est un fou et un désœuvré. Il a promené le scandale jusque dans cette rue. N'as-tu pas remarqué, en te promenant dans le jardin, cette jolie fille qui travaillait à sa fenêtre soir et matin, toujours chantant ?

— Oui, Rose-Rose. Nous nous étonnions de sa gaieté.

— Eh bien, elle ne chante plus ! elle a perdu sa gaieté, si j'en crois mes pressentiments.

— Que lui est-il donc arrivé ?

— Tu ne devines pas ? M. de La Châtaigneraye a passé par là.

— M. de La Châtaigneraye ! tu ne sais pas ce que tu dis. Un homme qui a tant d'aventures à la cour ! C'est impossible.

— En amour rien n'est impossible. En amour le meilleur blason est sur la figure. Une jolie fille est toujours une bonne aventure.

— Tu me désenchantes un peu sur le compte de M. de La Châtaigneraye. Mais, adieu, ma chère ; j'oublie que le temps passe : je suis attendue chez la marquise de Clacy et chez la duchesse de Praslin. J'ai promis d'aller à l'Opéra et à la Comédie-Française, sans compter que je dois souper chez la comtesse de Montaignac. Adieu ; ne te fie pas à M. de Riantz, pas plus que je ne dois me fier à M. de La Châtaigneraye.

Là-dessus la jolie baronne fit une pirouette, s'inclina devant la glace, rajusta sa coiffure et partit.

— Ah ! murmura madame de Nestaing, que je suis étourdie et fatiguée de tout le bruit qu'elle fait !

La première figure que madame de Montbel vit

chez la marquise de Clacy fut la figure de La Châtaigneraye.

— On m'a parlé de vous tout à l'heure, monsieur
de La Châtaigneraye, dit-elle après avoir salué la
marquise.

— Je vois bien, madame, à votre sourire, qu'on
vous a dit du mal de moi.

— C'est bien pis : on m'en a dit du bien.

— De quoi suis-je coupable ? De ne pas vous
avoir dit assez combien je vous trouve adorable.

J'ai cela de commun à vos yeux avec beaucoup
d'autres. Voici l'acte d'accusation : il y avait une fois
une jeune fille du Marais...

— C'est un conte! dit vivement La Châtaigneraye.

— Cette jeune fille était célèbre dans tout le voisinage par sa beauté et ses chansons. Elle vivait de
son travail, et peut-être d'un peu d'amour ; elle
était heureuse dans sa pauvreté et dans son ignorance.

Tous ceux qui passaient dans la rue des Minimes
levaient avec enchantement la tête pour l'admirer.
Mais, un jour, plus de chansons, plus de jolie fille,
elle avait disparu comme un songe. On se demande
où elle est allée ? Sa fenêtre attristée a l'air d'un
cadre sans portrait. Dites-moi monsieur de La Châtaigneraye, est-ce que vous ne pourriez pas m'en
donner des nouvelles ?

— Vous me faites trop d'honneur, madame. Je voudrais bien être coupable d'un si joli péché. Vous me faites presque regretter, par votre charmant tableau, de n'être pour rien dans cette affaire.

— N'en parlons plus ; l'amour aime le mystère et le silence. Pour passer d'un chapitre à un autre, ne connaissez-vous pas M. de Riantz ?

— Est-ce qu'il existe un M. de Riantz ? A-t-il donc la gloire de vous plaire ?

— Pas le moins du monde ; c'est le héros d'une aventure qui vient de m'être racontée. Voilà pourquoi je vous parle de lui.

— Daignez me dire un mot de cette aventure, madame la baronne.

La Châtaigneraye avait pâli.

Madame de Montbel raconta sans se faire prier l'histoire que vous savez déjà de point en point.

— Et la dame en question, reprit La Châtaigneraye, croyez-vous qu'elle s'intéresse à celui qui l'a sauvée de ce mauvais pas ? Puisque vous êtes l'amie de cette dame, vous devez savoir le passé, le présent et l'avenir en ce qui la regarde.

— Quand j'aurai vu M. de Riantz, je vous répondrai là-dessus.

— Pourvu qu'il ne se rencontre pas un M. de Riantz, pensait La Châtaigneraye en se promenant dans le salon. Pourtant ce nom sent la province ; les Riantz sont ensevelis dans l'obscurité de quelque donjon féodal. J'aurai tout le temps de mener cette aventure à bonne fin ; mais, en vérité, j'adore la comtesse. Si je n'étais emporté par le tourbillon du monde, je serais capable de l'épouser, — par cette jolie main blanche qui a séduit ce pauvre Franjolé.

X

**Parenthèse ouverte sur la manière
de vivre de Franjolé.**

Et notre joueur de violon ? Rien n'est changé dans sa vie toute de silence, de poésie et de musique ; le plus souvent vous pourriez le rencontrer, son violon d'une main, un livre ouvert de l'autre, dans le sentier de sa bibliothèque. Il se lève tard, quoiqu'il dorme très-peu, mais rien ne le charme tant que de rêver tout éveillé le matin quand un rayon de soleil égaye sa fenêtre. A quoi rêve-t-il ? Est-ce l'espérance ou le souvenir qui vient se pencher à son oreille ? Retourne-t-il dans sa vie passée, à sa jeunesse aventureuse, à ses folles chimères du beau temps ; ou bien promène-t-il ses songes dans la poésie mystérieuse de l'avenir ?

Il se lève à dix heures, quand vient la fruitière pour lui apporter à déjeuner, c'est-à-dire du pain, de l'eau et des fruits. Il déjeune gaiement, sans souci d'argent et de serviteur. Après déjeuner, il feuillette son cher Lulli, il chante, il joue, il étudie. Jusqu'à deux heures il se laisse aller à tout le charme d'une paresse intelligente. Dans ses jours de travail, il rétablit les bords écroulés de son sentier; c'est une œuvre de longue haleine, car, allant de découverte en découverte, il lui arrive parfois de faire un dégât pour longtemps irréparable dans le chemin de la science.

Vers deux heures il sort pour se promener, pour vendre sa musique, çà et là pour donner une leçon, ce qu'il ne fait que par curiosité. Il entre souvent à l'église et à l'Opéra pour être au courant de la gazette musicale; il dîne et soupe sans façon au cabaret avec des amis musiciens; il rentre dans son logis, prend un livre au hasard et s'endort avec un sourire de pitié pour les vanités humaines; mais, le matin, il s'éveille avec un sourire de reconnaissance pour le soleil, pour le ciel, pour les arbres, pour le Créateur des belles choses. Voilà à peu près la vie de Franjolé. Il passe pour un grand fou, peut-être est-il un grand philosophe. J'aime à croire qu'il n'est ni l'un ni l'autre.

XI

Comment le marquis cueillait des pervenches.

Au bout d'un mois Franjolé retourna à l'hôtel de La Châtaigneraye pour donner une leçon au marquis, résolu d'en finir si sa leçon n'était pas mieux écoutée que les deux premières fois.

C'était le surlendemain du guet-apens du chevalier de Champignolles.

— Eh bien, mon cher musicien, lui demanda La Châtaigneraye, que se passe-t-il de nouveau dans le Marais ?

— Rien.

— Que devient la jolie main blanche ?

— Vous m'y faites penser ! depuis deux jours elle ne fait plus l'aumône.

— Est-ce que le joueur de flûte ne passe plus sous la fenêtre ?

— Il joue plus mal que jamais. Mais la dame est peut-être malade.

— Ou distraite, dit La Châtaigneraye avec un certain sourire d'orgueil.

Trois jours après, le marquis retourna chez madame de Nestaing. Il trouva la mère et la fille dans une tonnelle de chèvrefeuille et de vigne vierge, au milieu du jardin, l'une filant de la soie à la quenouille, l'autre lisant *Théagène et Chariclée*.

— A merveille ! pensa La Châtaigneraye tout en saluant ; elle lit un roman.

On parla roman durant un quart d'heure ; après quoi, on se promena dans les détours les plus ombreux du jardin. On se garda bien de parler d'amour ; mais l'amour parlait tout seul par les regards, le son de la voix, la façon de se toucher en marchant. Le temps et le lieu étaient bien choisis. Un orage s'annonçait de loin, l'oiseau battait des ailes, le feuillage s'agitait par milles secousses, les fleurs répandaient plus doucement leur senteur pénétrante. Enfin il y avait dans l'air et dans le jardin je ne sais quelle mystérieuse langueur qui arrivait à l'âme avec mille voluptés insaisissables, qui versait au cœur tout le charme et toute l'ivresse de la nature aux plus beaux jours de juillet.

Dans une certaine allée tapissée de chèvrefeuille, le marquis et la comtesse ne trouvèrent plus rien à se dire, — sans doute parce qu'ils trouvaient trop. — Madame de Grandclos, distraite par quelques œillets renversés sur son chemin, suivait sa fille d'un peu plus loin. La Châtaigneraye saisit tout à coup la main de madame de Nestaing :

— Vous avez compris, madame, vous savez que je vous adore ?

La comtesse ne répondit pas ; elle rougit, baissa la tête et dégagea sa main ; mais La Châtaigneraye avait eu le temps d'y surprendre deux baisers ; après quoi, tout en passant, il vit des pervenches épanouies dans les yeux de la comtesse, et les cueillit d'une lèvre ardente.

Madame de Nestaing était indignée de cette audace; elle résolut d'abord de ne point pardonner au marquis ; mais déjà son cœur n'était plus d'accord avec sa raison. Et puis, il faut bien le dire, une femme oisive qui n'a, depuis un an, aimé que des héros de romans ne peut se défendre d'un certain plaisir quand on lui baise si vaillamment la main et les yeux.

On se promena encore : la comtesse ne quitta plus sa mère. Cependant La Châtaigneraye partit enchanté ; madame de Nestaing avait vainement pris un air digne et glacial : son regard l'avait trahie.

XII

De la comtesse à la baronne il n'y avait qu'un battement de cœur.

Quelques jours se passèrent sans que La Châtaigneraye reparût. Madame de Nestaing s'ennuyait mortellement. Elle ne prenait plaisir à rien. La musique l'irritait; elle ouvrait un roman pour le refermer aussitôt; le roman de son cœur avait gâté tous les autres. Vingt fois, le matin et le soir, elle descendait au jardin, comme si elle y dût poursuivre un doux rêve. Elle aimait surtout l'allée des chers chèvrefeuilles; elle s'y arrêtait en soupirant, elle inclinait la tête et demeurait longtemps égarée dans le souvenir brûlant.

La baronne de Montbel vint la voir un jour, et la surprit toute émue dans cette allée.

— Quelle mélancolie, ma belle! Est-ce que le beau M. de Riantz est revenu?

— Qui t'a donc parlé de sa beauté?

— Je ne sais, un bruit du monde. Peut-être est-ce le marquis de La Châtaigneraye qui m'a dit cela.

— Tu vois donc toujours cet homme qui fait un si triste jeu de l'amour, qui joue à qui gagne perd avec toutes les femmes?

— Moi, je n'ai rien de caché pour toi ; sache-le donc, je suis folle de M. de La Châtaigneraye. C'est au point que je crois l'aimer.

— Est-ce que tu aimes quelqu'un, si ce n'est toi-même ?

— En vérité, si j'avais le temps, je l'aimerais. Tu ne saurais t'imaginer comme cet homme répand la séduction sur ses pas ! Tous les cœurs le suivent.

— Voilà bien la mode ! Je suis sûre qu'il y a de par le monde vingt gentilhommes dédaignés qui ont plus de charme que M. de La Châtaigneraye.

— Je comprends, des gentilshommes comme M. de Riantz. Tu l'aimes ?

— Moi, l'aimer !

Madame de Nestaing pâlit et soupira.

— Pourquoi tant de secret entre nous ? Ne t'ai-je pas dit que j'adorais le marquis de La Châtaigneraye ?

— Oui ; mais, pour toi, l'amour est un caprice.

— La semaine passée, peut-être ; mais, cette semaine, un certain baiser sur la main m'a ouvert les yeux et le cœur.

— Un baiser sur la main ?

La comtesse, qui était encore pâle, rougit et détourna la tête.

— Qu'as-tu donc, Edmée ?

Madame de Nestaing appuya son front sur l'épaule de sa cousine.

— J'ai aussi un baiser sur la main.

— Ah ! voilà donc le secret ! Et cela t'attriste ? pourquoi, si la bouche est jolie ? On voit bien que tu ne vas pas à la cour. Madame de Berry n'y regarde pas de si près. Madame de Castries eût offert l'autre main. Est-ce que tu t'imagines que la vie est faite pour contempler les étoiles ou les nuages ? Songes-y, l'amour passe avec le temps, mais le temps passe aussi bien sans l'amour. A mon âge, tu raisonneras comme moi.

— Jamais ! s'écria la comtesse.

— A la cour comme à la cour ! Il faut hurler comme les loups. Je me laisse adorer comme tant d'autres. A quoi bon la beauté sans l'amour ?

— Tu ne sais pas ce que tu dis.

— Adieu. Le marquis de La Châtaigneraye doit me venir voir à trois heures.

XIII

Duo en fa dièse.

A deux heures et demie, la volage et capricieuse baronne de Montbel était couchée nonchalamment

sur le sofa de son boudoir ; elle était dans le plus
joli négligé du monde, c'est-à-dire vêtue comme
pour l'amour de Dieu. Une robe ouverte de soie
grise à guirlande de fleurs enlacées laissait voir une
jupe de satin rose et un corsage garni d'un bouquet
de fleurs naturelles.

Elle feuilletait un roman, mais elle ne lisait pas.
Ses regards distraits allaient sans cesse de la fenêtre
à la pendule. Par la fenêtre elle interrogeait le temps,
à la pendule elle interrogeait l'heure. La pendule
était des plus mythologiques. Elle était dominée par
un vieillard ailé qui fuyait trompette en main ; sous
le cadran, trois vieilles filles ennuyées passaient leurs
heures, l'une à filer un certain fil qu'elle donne à
retordre aux mortels, l'autre à tenir ce fil par le bout,
la troisième à couper ce fil, tantôt près de la quenouille, tantôt de l'autre côté, tantôt vers le milieu,
selon son caprice.

Depuis trois ans que la baronne de Montbel voyait
chaque jour cette pendule, elle n'avait pas encore
deviné toute la profondeur du sujet. Ce jour-là, elle
eut tout d'un coup une révélation subite.

— Je comprends, dit-elle, émerveillée de sa péné-
tration : ces trois fileuses, qui ne filent pas toujours
l'or et la soie, ce sont les Parques ; ce vieillard, qui
a des ailes, c'est le Temps. Hélas ! comme je disais

à Edmée, que de fois le temps passe sans l'amour ! car M. de La Châtaigneraye ne vient pas.

Là-dessus madame de Montbel rouvrit le roman qu'elle avait à la main. A cet instant, le marquis de La Châtaigneraye souleva silencieusement la portière du boudoir. Madame de Montbel n'entendit pas, ou fit semblant de ne pas entendre ; il eut tout le loisir de contempler la dame et le boudoir.

Ce boudoir était des plus coquets et des plus amoureux ; il était tendu de velours blanc ; un lustre en porcelaine de Saxe suspendait au-dessus d'une table en mosaïque toutes ses roses épanouies. Sur la cheminée, de chaque côté de la pendule, on voyait des groupes de Sèvres représentant une scène champêtre et servant de candélabres ; sur la table en mosaïque étaient éparses de ravisantes chinoiseries autour d'un beau lys naturel qui venait de fleurir.

Un doux parfum de femme et d'amour était répandu partout. Le marquis respirait avec ivresse, comme s'il se fût trouvé dans un autre paradis terrestre.

Il ne savait où arrêter ses yeux ; il admirait au même instant les arabesques du plafond et la bergerie galante du tapis des Gobelins, qui s'étendait jusqu'à ses pieds.

Il admirait une Suzanne au bain dans le joli goût

de Santerre, richement encadrée au-dessus de la glace de la cheminée. Il admirait surtout dans cette glace l'image de la jolie baronne couchée avec tant d'art sur son sofa doré.

Il jugea à propos d'entrer.

— Madame la baronne, dit-il en s'inclinant, daignez me pardonner si je vous surprends ainsi. Si nous étions amoureux, je dirais : L'amour ne va que par surprise.

— Ah! c'est vous, mon cher marquis, murmura madame de Montbel d'un air distrait. Je ne vous attendais pas sitôt. J'étais en train de lire un roman qui me charmait.

— Je suis désolé, madame, de vous arrêter en si beau chemin.

— Eh bien, marquis, que dit-on de curieux ce matin ?

— Je ne sais rien de curieux. J'ai pris une leçon de violon et j'ai pris une leçon d'armes.

— Quoi ! après tant de duels vous prenez encore des leçons pour tuer votre monde !

— C'est par humanité. A force de science j'arriverai à donner des coups d'épée sans faire de mal.

— Et pour qui prenez-vous donc des leçons de violon ?

— Pour moi, pour vous, mais surtout pour

l'âge mûr, quand M. de Cupidon aura brisé son archet.

Le marquis et la baronne — qui aimaient la musique — chantèrent le duo de Romeo et Juliette en *fa dièse*, après quoi ils se mirent à parler des chevaux fringants de M. de Coigny, des duels de M. de Rohan, des aventures de M. de Richelieu, des amants de la marquise de Prie. Ils se complurent surtout à esquisser le portrait de la présidente de Monréal. Ils commencèrent par dire comme tout le monde qu'elle était jolie et charmante.

— Oui, c'est une perle, dit La Châtaigneraye.

— Elle devrait bien la mettre dans sa bouche, dit la baronne.

Et elle sourit pour montrer toutes ses dents.

— Mais on la dit très-fraîche ?

— Je ne sais pas à quelle heure.

— Comment trouvez-vous sa main ?

— Très-bonne à mettre des pantoufles.

— On vante beaucoup ses yeux.

— On devrait n'en vanter qu'un à la fois, car je vous assure qu'elle regarde un peu de travers.

— Quand elle vous regarde ; elle a bien raison.

— Savez-vous que les portraits que nous faisons sont fort agréables ?

— Un peu flattés.

Le marquis passa de la présidente à la baronne. Quand le portrait fut fini, madame de Montbel ne se trouva pas moins flattée.

XIV

De la fenêtre de Rose-Rose.

Le même jour, sur le soir, comme madame de Nestaing se promenait encore dans le jardin, solitaire et pensive, un billet lancé sur son chemin, de la fenêtre de Rose-Rose, vint la distraire et l'agiter violemment.

Ce billet était cacheté aux armes d'un marquis ; il exhalait un parfum de violette. Il était écrit, comme la plupart des lettres du temps, sur un papier à vignettes. La folle comtesse s'enfonça dans l'allée pour y lire le billet dans le plus grand silence et le plus grand mystère.

« Vous êtes belle et je vous adore ; mais je ne
« vous ai point assez dit avec quel feu et quelle ten-
« dresse. Daignez ouvrir votre fenêtre demain à
« minuit et demi ; je serai dans le jardin pour vous
« donner une sérénade. Il y a sérénade et sérénade.
« Je n'aurai pas de mandoline ; je toucherai tout
« simplement les cordes de mon cœur.

     « Marquis DE RIANTZ. »

— Quelle audace et quel style ! — Ouvrirai-je la fenêtre ? se demanda madame de Nestaing après avoir lu cet étrange billet. — Qu'ai-je à craindre, reprit-elle en rêvant, moi à la fenêtre, lui dans le jardin ? Mais comment fera-t-il pour descendre dans le jardin ? C'est impossible. Ce jardin est celui des Hespérides.

Une voix secrète dit à la comtesse qu'en amour rien n'était impossible. Pour l'amour, il n'y a jamais de trop hautes murailles. Les inventeurs de la fable n'ont pas oublié de donner des ailes à Cupidon pour aller partout comme pour aller plus vite.

XV

L'échelle de soie.

Champignolles, qui, depuis le jour de l'enlèvement, s'était retiré sous sa tente, revint pourtant un jour voir le marquis ; l'entrevue fut des plus drôles. Champignolles commença à parler très-haut. Il se plaignit d'avoir été joué, il demanda raison de cette offense. La Châtaigneraye lui répondit sur le même ton.

— Comment, mon cher, vous vous plaignez ! Ah ! si vous aviez vu comme moi le dessous des cartes ! Ingrat, je vous ai sauvé du plus mauvais pas qu'on puisse faire en ce monde.

— A d'autres ! dit Champignolles d'un air d'incrédulité.

— Corbleu ! si vous n'avez confiance en mon amitié, je ne dirai pas un mot de plus.

— Expliquez-vous ; je n'ai jamais douté de votre amitié.

— Sachez donc, mon cher, que la dame que vous enleviez est la sœur d'un fier-à-bras qui vous eût pourfendu sans pitié à la première rencontre. Un frère complique toujours beaucoup trop les aventures. Je n'avais appris l'existence de celui-là qu'au moment où nous nous quittions ; je suis accouru en toute hâte ; grâce à Dieu, j'ai pu arriver à temps. Que voulez-vous ? en amour, comme en toute chose, il faut s'habituer à voir le revers de la médaille. Si je vous disais que moi, La Châtaigneraye, j'ai failli être victime de mon dévouement ?

— Je suis confondu ! s'écria Champignolles, étourdi par tant de bonnes raisons. Comment ! j'ai pu douter de votre amitié, si franche et si protectrice !

— Écoutez, chevalier, je veux cette nuit même vous en donner une preuve. Vous avez vu le jardin qui s'étend sous la fenêtre de Rose-Rose. A propos, qu'est devenue cette jolie fille ?

— Je n'y comprends rien. Je l'ai habillée des pieds à la tête ; je lui ai ouvert mon cœur et ma bourse.

Elle a pris ma bourse, et m'a laissé mon cœur. A quoi dois-je attribuer cette manière de vivre !

— Vous étiez trop grand seigneur pour elle. N'en parlons plus. Or donc, dans le jardin qu'elle avait en perspective, j'ai vu par hasard deux femmes charmantes, et du même coup j'ai pensé à vous et à moi. Voulez-vous tenter l'aventure ?

— Comment ! mais de tout cœur !

— Eh bien, disposez pour cette nuit une échelle de corde ; je passerai vers onze heures pour vous emmener.

— Une escalade ! s'écria Champignolles ; je suis charmé d'être de la partie !

Le soir, comme il l'avait dit, La Châtaigneraye prit au passage Champignolles, qui avait à la main une belle et bonne échelle de soie.

— C'est bien tombé, dit le marquis d'un air distrait, que la chambre de Rose-Rose soit inhabitée. Elle va nous servir merveilleusement de point de départ. C'est là que nous disposerons toutes nos batteries. En attendant l'heure propice, nous y boirons gaiement une ou deux bouteilles de vin d'Espagne.

— C'est une bonne idée ! dit Champignolles. Bacchus ne nuit jamais à l'amour.

Arrivés rue des Minimes, les deux compagnons

d'aventure ordonnèrent au premier cabaretier venu de leur porter du vin dans la chambre de Rose-Rose. Ils y montèrent et y allumèrent du feu, quoiqu'on fût en pleine saison d'été. Champignolles parlait et s'agitait beaucoup pour se donner un air de fanfaron, quoiqu'il fût affrayé, selon sa coutume, du rôle qu'il allait jouer.

— J'ai beau me casser la tête, mon cher marquis, je ne devine pas où vous en voulez venir.

— Nous n'y sommes pas. Patience ! patience ! Contentez-vous d'espérer et de boire. Savez-vous que ce vin n'est pas mauvais ? En vérité, je regrette bien que Rose-Rose ne soit pas là pour nous servir.

— Ce serait Hébé, ni plus ni moins. Si elle allait revenir ! Voyez son lit ; n'a-t-il pas l'air de l'attendre ? A vous parler franc, je l'avais oubliée ; mais voilà que je redeviens amoureux d'elle. Où diable est-elle allée ? J'aurais mieux fait de la laisser ici : elle ne m'aurait point échappé comme un oiseau ; mais vous êtes toujours pour les enlèvements, vous enlèveriez le diable lui-même !

— Ma foi ! c'est ma politique, dit La Châtaigneraye. Voyez-vous, chevalier, une femme qu'on a enlevée se ferait couper en quatre pour vous.

La Châtaigneraye allait de temps en temps regarder par la fenêtre. Le ciel était sombre, un vent d'ouest chassait d'épais nuages ; la lune, qui venait de se lever, montrait à peine par intervalles sa corne argentée. Le marquis voyait avec joie un sillon de lumière aux contrevents de la chambre de madame de Nestaing.

— Elle m'attend, disait-il tout bas, ou bien elle me craint, et elle n'ose s'endormir.

Un peu avant minuit et demi, il dit au chevalier qu'il était l'heure d'entrer en campagne.

— Plus j'y pense, poursuivit-il, plus je crois que pour cette nuit vous devez rester au camp. J'affronterai seul le péril ; j'irai en éclaireur jusqu'aux portes de l'ennemi ; je veux vous épargner tous ces préliminaires ennuyeux. Vous allez déployer l'échelle le long du mur ; je descendrai dans le jardin ; vous vous tiendrez coi jusqu'à mon retour. Si je le juge favorable, vous descendrez aussi.

— Et qui donc tiendra l'échelle ? dit naïvement Champignolles.

— En effet, je n'y avais pas pensé ; mais que ceci ne vous inquiète pas, vidons nos verres, et bon voyage.

Champignolles jeta un bout de l'échelle dans le jardin, retint l'autre bout d'une main ferme, et recommanda au marquis de ne pas se faire trop attendre.

— Ne vous impatientez pas ; je n'ai qu'un mot à dire pour vous et pour moi. Que je sois écouté ou non, il n'y en a pas pour longtemps. D'ailleurs, l'amour fait beaucoup de chemin la nuit ; c'est un adage de Bassompierre.

Disant ces mots, le marquis descendit de la fenêtre en homme habitué à suivre de pareilles routes.

— Sur ma foi, dit le chevalier, il semblerait que vous marchez sur la terre ferme.

On attendait La Châtaigneraye.

C'était dans une chambre haute et vaste, dans le goût du temps. Au-dessus d'une cheminée de marbre blanc sculptée par Coustou, on se voyait dans une grande glace encadrée par des guirlandes de roses peintes. Sur la cheminée, une jardinière en bois de rose répandait un parfum de fleurs fraîchement cueillies; de chaque côté, sur les guirlandes du cadre, des candélabres portés par des amours répandaient la pâle clarté des cierges. En face de la cheminée, un lit à ciel orné de plumes d'autruche, d'où tombaient des cascades de damas rose, se réfléchissait dans la glace. Entre les deux fenêtres cintrées, garnies de lambrequins, on voyait une toilette tendue de mousseline blanche ornée des plus fines dentelles ; cette toilette, surmontée d'un miroir ovale que couronnait une colombe battant des ailes, eût été surnommée par Benserade l'autel de la beauté. Sur une table en marqueterie, une aiguière d'un travail précieux trempait dans un bassin d'argent. Deux dormeuses en satin blanc brodé à la main étaient à demi cachées sous les fourrures que la comtesse venait de quitter. Sur les lambris gris de perle et or, quelques médaillons, peints par Audran, étaient suspendus par des nœuds de rubans. Les rosaces d'un tapis de Turquie étaient épanouies sous les pieds mignons de madame de Nestaing.

XVI

Comment on passe par la fenêtre.

Quand minuit sonna, la comtesse laissa tomber le livre qu'elle tenait ouvert depuis une heure à la même page.

— Minuit ! dit-elle en tremblant.

Elle se leva et se promena avec une agitation soudaine.

— S'il allait venir ! reprit-elle. Quelle folie ! Est-ce qu'il oserait jamais ?

La curiosité entraîna madame de Nestaing vers la fenêtre du jardin.

— Non, non, il ne viendra pas. D'ailleurs, je ne

dois pas aller à cette fenêtre. Je veux oublier ses desseins extravagants. Marton, êtes-vous là ?

La comtesse agita avec violence une petite sonnette de cristal. Marton ne se fit pas attendre ; elle ouvrit toute essoufflée, un peu surprise de l'impatience de sa maitresse.

— Marton, déshabille-moi.

Le fille de chambre commença par la chevelure ; elle ôta le bandeau de perles qui ajoutait tant d'éclat aux cheveux noirs de madame de Nestaing.

— Ne touchez pas à mes boucles, dit la comtesse par pressentiment.

Marton délaça le corsage de satin rose à ramages.

Marton, nous n'en finissons pas ce soir ; voyons donc, mon peignoir de soie bleue.

Marton apporta un peignoir de soie bleu-de-ciel parsemé de roses dessinées par un filet d'argent, et peintes avec les couleurs les plus éblouissantes.

Tout en renvoyant Marton, madame de Nestaing glissa coquettement à ses jolis pieds des mules de satin garnies de rubans. Dans ce galant négligé, elle jeta dans la glace un regard triste et inquiet. Elle n'avait jamais été plus jolie que ce soir-là. Aussi elle prit plaisir à se voir ; elle se mira à son insu durant quelques minutes. Mille rêves confus passaient dans son esprit. Elle aimait La Châtaigneraye sans se l'avouer encore ; tout en ne voulant pas croire qu'il viendrait à ce rendez-vous téméraire, elle espérait vaguement voir le marquis. Le danger, surtout en amour, a des fascinations terribles : il nous éblouit ou nous aveugle. Madame de Nestaing trouvait un charme secret jusque dans ses angoisses. A coup sûr, elle ne voulait pas que La Châtaigneraye vînt au rendez-vous, elle priait Dieu dans son cœur pour ne point le voir ce soir-là. Cependant, s'il ne vient pas, la comtesse ne s'en plaindra-t-elle point tout bas ? Tous les philosophes l'ont dit : le cœur est le pays des contradictions.

Pour la première fois de sa vie, madame de Nestaing eut peur de la solitude et du silence ; elle n'osait écouter, elle n'osait faire un pas ; à chaque instant, elle s'imaginait que le marquis allait apparaître sous les rideaux du lit.

Quoiqu'on fût aux plus belles nuits d'été, la soirée était fraîche. La comtesse ne tarda pas à sentir un frisson ; elle tint conseil avec elle-même. Tout inquiète, elle alla droit à la fenêtre, en jetant un regard furtif sur la pendule : minuit et demi allait sonner. C'était l'heure solennelle annoncée par le marquis.

— Quelle folie ! dit-elle encore ; si j'allais ouvrir la fenêtre et qu'il fût dans le jardin ! Non, non, je ne veux pas ouvrir, quand même il serait là. Je ne dois pas ouvrir.

On frappa aux vitres; le coup retentit dans son cœur.

— Non, je n'ouvrirai pas.

Tout en disant ces mots, elle ouvrit la fenêtre, peut-être sans bien savoir ce qu'elle faisait. Ne l'eussiez-vous pas ouverte, madame, si vous aviez aimé sous la Régence ?

Vous comprenez que La Châtaigneraye, qui se tenait en silence depuis cinq minutes sur la balustrade, se précipita, pâle d'amour, aux pieds de la comtesse.

Madame de Nestaing, il faut lui rendre justice, eût crié si elle n'avait eu peur d'éveiller sa mère. Elle fut effrayée de l'audace du marquis ; elle lui ordonna de partir sur-le-champ ; mais La Châtaigneraye était si beau à ses pieds, il suppliait avec tant de passion, qu'elle finit par temporiser un peu.

— De grâce, monsieur de Riantz, si vous voulez que je pardonne à tant d'orgueil, à tant de témérité, partez, partez !

— Madame, je vous aime !

— Si vous m'aimiez, vous ne seriez pas venu ainsi.

— Madame, je serais allé au bout du monde pour vous baiser les pieds.

Tout en disant ces mots, La Châtaigneraye appuyait ses lèvres égarées sur les mules de satin de la comtesse.

— Vous êtes un fou ! Mais comment êtes-vous donc venu ?

— Par un chemin semé de roses, madame : j'ai traversé le jardin.

— Vous avez donc escaladé les murs ?

— C'est si simple ! dans l'espérance de vous voir, j'aurais escaladé le ciel.

La comtesse, qui voulait être impitoyable, ne trouvait rien de bien dur à dire à ce titan au talon rouge. Elle perdait la tête, elle croyait rêver. Elle priait, elle suppliait ; mais le marquis priait, suppliait à son tour. Il y avait dans ses yeux tant de vraie passion, dans sa voix tant de profonde tendresse, que la pauvre femme était étourdie par son éloquence.

Je ne redirai pas mot à mot tout leur charmant babil. Si vous avez aimé, vous savez tout ce qu'il a dit et tout ce qu'elle a entendu ; si vous n'avez pas aimé, — pardonnez-moi cette injure, — vous ne comprendriez pas.

Le marquis de La Châtaigneraye n'était pas au bout de son éloquence lorsque madame de Nestaing le supplia de partir.

— Je veux bien partir, madame, mais je reviendrai.

— Partez, partez!

Il remit son épée, prit son feutre, baisa la main de sa charmante maîtresse, passa sur la fenêtre et se disposa à sauter dans le jardin.

— Encore un baiser!

Et, le baiser pris, La Châtaigneraye se suspendit à la balustrade et se laissa tomber. Il tomba sur ses pieds, en homme bien appris. Il salua de la meilleure grâce du monde.

— Adieu! Adieu!

La comtesse ferma la fenêtre et tomba agenouillée.

— Ma mère, mon Dieu, et Vous, Vous qui êtes mort, pardonnez-moi!

Elle se jeta toute tremblante sur son lit, se cacha le front sur son oreiller, et jura de ne plus revoir le marquis de Riantz.

XVII

Les jeux de l'amour et du hasard.

Cependant La Châtaigneraye alla droit à l'échelle; mais, en arrivant sous la lucarne de Rose-Rose, quelle fut son indignation de voir l'échelle tombée sur la plate-bande. Il appela Champignolles. Le chevalier ne répondit pas.

— Est-ce qu'il s'est enfin vengé ? se demanda le marquis.

Il appela encore, il jeta des pierres, il était furieux, quand enfin Champignolles se pencha à la fenêtre.

— Eh bien, cria-t-il d'une voix endormie, est-il temps que je descende ?

— Palsembleu ! cria La Châtaigneraye, me voilà bien loti ! tu as lâché l'échelle. Comment veux-tu que je remonte à présent ?

— Ah ! diable ! je croyais la tenir encore. Ma foi, je m'ennuyais, je me suis endormi. J'en suis fâché ; mais tu as été trop longtemps en route.

— Je reconnais bien ton caractère d'étourdi : comment veux-tu que je me tire de là ? Si un valet s'éveillait à l'hôtel, il me fusillerait comme un voleur.

— Mais, pauvre ami, je suis désolé. Je vais courir à la plus prochaine boutique : il faudra bien qu'on se lève à ma voix ; j'achèterai une corde, j'y ferai des nœuds et tu seras sauvé.

— Dépêche-toi; je vais me promener en t'attendant.

Champignolles se hâta de descendre ; La Châtaigneraye se promena sous la grande allée en poursuivant de ses rêves les charmants souvenirs de son aventure. Il vint à penser que Champignolles était bien capable d'être le reste de la nuit à trouver une corde. S'il allait frapper tout doucement à la fenêtre de la comtesse, s'il lui comptait son embarras, qui sait si elle n'aurait pas la charité de le recevoir sous son toit durant l'attente ? Il remonta à la fenêtre enchantée et frappa une seconde fois à la vitre.

Madame de Nestaing, qui ne dormait pas, revint à la fenêtre. Elle reconnut la voix de son amant. Elle avait juré de ne plus le revoir, mais son serment n'était pas pour cette nuit-là. Elle avait ouvert à minuit et demi; comment ne pas rouvrir à deux heures, quand on a écouté sans se fâcher les adorables divagations d'un amant qui passe par la fenêtre ? Elle ouvrit donc. Le marquis raconta sa mésaventure. Tout effrayée qu'elle fût des suites de cette équipée, madame de Nestaing le plaignit et n'osa lui dire de s'en aller. Ils renouèrent le fil charmant de leur babil. Que de reproches tendres et doux ! que de serments pour l'éternité ! A un certain moment la bougie s'éteignit.

— Comment faire ? dit madame de Nestaing en tremblant ; je ne puis pourtant pas appeler Marton.

— Je suis désolé de ne plus voir vos beaux yeux me foudroyer ou me sourire ; mais n'ai-je pas la joie d'entendre votre voix, qui me va droit au cœur ?

Ici l'historiographe, s'il était poëte, écrirait trois

strophes à la nuit, la pâle déesse couronnée d'étoiles.

Vers sept heures, madame de Nestaing s'éveilla après mille rêves confus. En voyant La Châtaigneraye si près d'elle et si négligemment étendu dans un fauteuil, elle s'imagina rêver encore. Mais bientôt tout ce qui s'était passé la nuit lui revint à la mémoire. Comment vous peindre son effroi ? Le grand jour la surprenait dans sa faiblesse. Elle alla à la fenêtre, revint sur ses pas, se regarda dans son miroir sans savoir ce qu'elle faisait. Elle voulut éveiller le marquis. Comment l'éveiller ? C'est une action des plus graves que d'éveiller un amant qui s'est prosaïquement endormi dans votre chambre. Lui parlera-t-elle ? Si on l'entendait ! Sa mère se lève de bonne heure. Le touchera-t-elle du bout de la main ? Elle n'ose. Malgré son trouble de plus en plus violent, elle ne pouvait s'empêcher de regarder avec un certain plaisir secret la belle figure de son amant. A la fin, il eut le bon esprit de s'éveiller tout seul.

— Ah ! marquis ! lui dit-elle toute désespérée.

La Châtaigneraye se jeta à ses pieds.

— Madame...

— Je sais bien que vous allez m'attendrir encore ; pourtant si on vous voit ici, ne suis-je pas une femme perdue ?

Ils tinrent conseil : ils jugèrent qu'il n'était plus l'heure de partir par la fenêtre; il y avait d'ailleurs un jardinier dans le jardin depuis le point du jour.

— Écoutez, dit tout à coup la comtesse, ma mère va presque toujours à la messe de huit heures. Elle emmène deux domestiques ; Marton demeurera avec moi, mais je parviendrai bien à l'éloigner pour un instant. Vous partirez par la porte.

— Rien de plus simple.

— Mais vous ne reviendrez plus.

Comme elle l'avait prévu, madame de Grandclos se disposait pour aller à la messe. La comtesse entendit bientôt les pas de Marton, qui venait lui demander si elle voulait accompagner sa mère.

— Vite, jetez-vous dans la ruelle ! dit madame de Nestaing au marquis.

En homme habitué à ces surprises, il n'oublia ni son épée ni son feutre. La comtesse dit qu'elle n'irait pas à la messe et ordonna à Marton de venir lui parler dès que sa mère serait partie.

Marton reparut au bout d'un quart d'heure.

— Marton, vous allez descendre au jardin pour me cueillir des violettes.

— Mais madame la comtesse sait aussi bien que moi qu'il n'y a plus de violettes.

— Vous ne savez ce que vous dites; allez, et prenez tout le temps de chercher.

Marton sortit sans répliquer : elle était accoutumée aux fantaisies de sa maîtresse. Comme elle traversait le vestibule, on sonna à la porte d'entrée; elle alla ouvrir, croyant que madame de Grandclos avait oublié son missel. Elle fut très-surprise de voir entrer la jolie baronne de Montbel.

— Eh! mon Dieu! madame la baronne est éveillée de bien grand matin!

— Edmée est visible?

— Madame la baronne sait bien que, pour elle, ma maîtresse est toujours visible.

— Annoncez-moi.

Marton revint à la chambre à coucher de madame de Nestaing, au moment où le marquis faisait tendrement ses adieux. Elle ouvrit la porte. Madame de Nestaing se jeta de côté avec une pâleur soudaine; La Châtaigneraye eut le temps de se cacher encore dans la ruelle.

— Qu'y a-t-il encore, Marton?

La baronne de Montbel, qui suivait Marton, passa sur le seuil de la porte entr'ouverte.

— Ah! te voilà! Pourquoi viens-tu donc si matin?

— Pour te voir, toute belle. D'ailleurs, n'est-ce pas du bel air de faire des visites matinales? Tu ne sais donc pas que toutes les femmes à la mode ont jusqu'à midi leur ruelle pleine d'adorateurs qui font de la gazette et du madrigal?

Au mot de ruelle, madame de Nestaing devint pâle comme la mort.

— Je croyais, dit-elle à sa cousine, que tu avais passé la nuit en fêtes, selon ta coutume.

— Ne me parle pas de cela; je suis offensée au plus haut point; je ne fais point de façons pour te conter mes joies et mes peines. Je devais rencontrer cette nuit, chez madame la duchesse du Maine, le marquis de La Châtaigneraye...

— Oh! oh! je l'avais oubliée, se dit le marquis, très-étonné de voir ou plutôt d'entendre la baronne de Montbel chez madame de Nestaing.

— Et tu ne l'as pas rencontré? demanda la comtesse à sa cousine.

— Il n'y a point paru, et moi je n'y suis allée que pour lui seul.

— L'ingrat! Je t'avais bien dit que M. de La Châtaigneraye était un homme indigne d'être aimé. Il n'a rien tant à cœur que de se jouer de la bonne foi d'une femme : c'est toi-même qui me l'as dit.

— Eh bien, quand tant d'autres avaient soupiré en vain, celui-là m'avait attendrie.

— A merveille! pensa La Châtaigneraye, qui

prenait patience ; cette confession est bonne à enregistrer.

— Comprends-tu qu'il ne soit pas allé à ce bal ? poursuivit la jolie baronne en agitant ses lèvres méchantes.

— Si nous descendions au jardin ? lui dit la vicomtesse d'un air très-engageant.

— Il y a bien de la rosée à cette heure. Dois-je briser avec le marquis ?

— Est-ce qu'en amour on suit jamais les conseils ?

— J'ai la tête perdue ; parle-moi, je t'écouterai.

— Que puis-je te dire, moi qui suis une vraie provinciale en amour ? Si tu aimes le marquis de La Châtaigneraye, pardonne-lui. Qui sait ? il est peut-être malade.

— Malade ! hélas ! non, chère belle. Tu ne comprends donc pas : puisqu'il n'était pas à ce bal, c'est qu'il était ailleurs ; tu ne comprends donc pas que c'est la jalousie qui me désespère !

La baronne agitait ses jolies mains avec le plus gracieux dépit du monde.

Cependant La Châtaigneraye était loin d'être à son aise : agenouillé à l'étroit entre le lit et la boiserie, il n'avait guère que la consolation de baiser un beau couvre-pied de satin-blanc à rosaces bleues ayant couvert les jolis pieds mignons de la comtesse.

Tantôt appuyé sur un genou, tantôt appuyé sur l'autre, il attendait avec une patience vraiment miraculeuse que sa maîtresse du lendemain eût fini de se plaindre de lui à sa maîtresse du jour

Madame de Nestaing était mille fois plus inquiète que lui, quoiqu'il fût inquiet pour elle. Elle écoutait à peine les phrases coupées de sa cousine; elle jetait à chaque instant un regard suppliant vers le jardin, sa seule porte de salut. Elle tremblait sans cesse d'entendre du bruit vers la ruelle; en un mot, elle était dans l'enfer de l'amour.

La jolie baronne ne se fût jamais doutée que sa cousine eût, à pareille heure, un marquis dans sa ruelle; elle ne l'eût pas même crue sur parole, tant elle était édifiée sur le compte de madame de Nestaing. Aussi elle s'abandonnait à tout son dépit avec une verve qui amusait beaucoup La Châtaigneraye.

— Il saura comment je sais me venger d'une pareille offense! Je me suis habillée pour lui: robe de satin à fleurs d'or et d'argent, bouquet de diamants et de roses blanches. Et quelle coiffure! Ah! monsieur le marquis, on se fera belle et vous ne viendrez pas!

— Ce qui doit te consoler un peu, ma chère, c'est qu'après tout on commence par se faire belle pour soi-même, surtout quand on s'appelle la baronne de Montbel.

— Ne m'irrite pas. Je ne sais, en vérité, ce qui m'empêche de m'évanouir. As-tu des sels ?

Madame de Montbel parlait de bonne foi : elle devenait pâle, elle chancelait, elle se laissait aller sur un bras du fauteuil.

— Voilà qui se complique, pensa La Châtaigneraye en changeant de point d'appui ; si la baronne continue à être en colère, il faudra la porter sur ce lit.

— Et ma mère qui va revenir de la messe ! pensa madame de Nestaing.

Elle prit une résolution : elle secoua son amie, lui saisit les bras, et, bon gré, mal gré, l'emmena hors de la chambre en lui disant :

— Allons, allons, le grand air du jardin vaut mieux que des sels.

La Châtaigneraye comprit qu'il n'avait pas de temps à perdre pour partir sans rencontrer personne ; il se leva, mit dans la basque de son habit une jolie mule de soie blanche bordée de cygne rose qu'il avait rencontrée dans sa prison, et sortit sur la pointe du pied, en priant Dieu de retenir quelques minutes encore madame de Grandclos à la messe. Il ne rencontra pour tout obstacle que le vieux Bélisaire jouant de la flûte à la porte.

Il alla droit à la chambre de Rose-Rose. Il y trouva Champignolles sommeillant avec inquiétude.

— Tout est perdu ! dit-il en l'éveillant. La plus belle aventure du monde gâtée par ta faute ! on ne s'endort qu'après la bataille gagnée. J'ai passé là un bien mauvais quart d'heure.

— Et moi donc ! dit le chevalier ; songe que j'ai tenu cette corde toute la nuit !

— Voyons, nous n'avons plus rien de bon à faire ici. Allons ailleurs.

— Où allons-nous ? demanda Champignolles en descendant l'escalier.

— Moi, répondit La Châtaigneraye, je suis attendu chez la baronne de Montbel, j'y vais de ce pas. Toi, va-t'en au diable, ou plutôt va-t'en dormir.

Champignolles ne savait pas à quelle heure du jour ou de la nuit il en était.

— Avant d'aller dormir, je voudrais bien souper un peu ; je meurs de faim.

— C'est vrai, je te pardonne, allons déjeuner. La baronne attendra.

Ils allèrent déjeuner au cabaret célèbre de la Treille d'Or, dans la rue du Temple. Ils déjeunèrent gaiement, en hommes qui ont passé la nuit plus ou moins éveillés.

XVIII

Où Franjolé change de tombeau.

Au sortir du cabaret, le marquis rencontra devant la maison d'un bouquiniste notre ami Franjolé, qui secouait la poussière de quelque vieux livre.

— Eh ! bonjour, maître Franjolé. Il y a bien longtemps que nous n'avons joué du violon. Que faites-vous donc là si matin ?

— Vous le voyez, je secoue de la poussière.

— La poussière de la science. N'avez-vous donc pas assez de livres ?

— C'est précisément parce que j'en ai trop que j'en cherche ici. Hier, après avoir passé toute l'après-midi à bâtir solidement mon sentier, j'ai voulu lire Montaigne.

— Vous en avez trois éditions.

— Quatre peut-être ; mais le moyen d'en trouver une sans bouleverser ma bibliothèque ?

Une vieille figure, sillonnée de rides profondes, encadrée dans un capuchon de chantre d'église, apparut à la vitre fort à propos : c'était le bouquiniste.

— Qui est-ce qui parle de Montaigne ? demanda-t-il d'une voix cassée.

— C'est moi, répondit Franjolé. N'avez-vous pas l'édition in-quarto, recouverte en parchemin ?

— Oui, la voilà à très-bon compte, rien qu'un écu de six livres.

— Quelle trouvaille ! s'écria Franjolé en payant sans marchander. Ce qui me chagrine, poursuivit-il en feuilletant le livre, c'est que ce volume ferait une majestueuse encoignure à mon sentier ; mais j'y prendrai garde.

— Et la main blanche, Franjolé ? demanda d'un certain air de fanfaron le marquis de La Châtaigneraye.

— La main reparaît, répondit tristement Franjolé ; mais j'ai bien peur de quitter bientôt ma chambre. Vous savez que je suis mort ?

— Je l'avais oublié

— La femme du menuisier a peur des revenants; elle a supplié le bonhomme de me mettre à la porte, surtout depuis qu'elle est enceinte.

— Une idée, Franjolé ! Voulez-vous habiter ma petite maison du Marais ? Pour prix du loyer, je ne vous demanderai qu'un air de violon par mois.

Franjolé parut réfléchir.

— Que risquez-vous ? Vous serez seul, comme il convient à un mort. Je crois même que vous y trouverez des livres. Je me souviens d'y avoir vu quelques volumes dépareillés du *Mercure galant* ; en outre, il y a quelques livres de fonds, comme les *Contes* de Marguerite de Navarre. Le plus souvent vous vivrez dans le parc, qui est bien planté et bien fleuri. Vous aurez toute liberté, même celle de transformer le salon en herbier.

— J'y vais de ce pas.

Le joueur de violon avait levé la tête d'un air décidé.

— Mais vous ne pouvez pas vous y installer ainsi.

— N'ai-je pas Montaigne avec moi ? Demain j'irai chercher mon violon à onze heures du matin.

— Oui, à l'heure de cette aumône dont vous avez votre bonne part. Ah ! la main blanche ! la main blanche !

Je ne veux pas suivre le marquis de La Châtaigneraye chez la baronne de Montbel. S'il profana le souvenir palpitant de madame de Nestaing, vous ne voulez pas le savoir, vous qui croyez, vous qui voulez croire à la sainteté radieuse de l'amour.

XIX

Hector de Riantz.

En ce temps-là vivait à Paris, loin du bruit et des fêtes, dans le silence de l'étude, dans l'amour de la statuaire, un jeune gentilhomme pauvre et fier, doux et triste, aimé de ses amis et aimant ses amis. Ce gentilhomme s'appelait Hector de Riantz (1). Il avait perdu son père à la bataille de Malplaquet. De longs procès avaient réduit sa mère à vendre un domaine qu'ils possédaient près de Rouen. Il ne leur restait qu'une fortune bien mince, mais ils savaient vivre de peu : Hector d'ailleurs espérait épouser une cousine qui l'aimait et qui était riche. En attendant ce mariage, retardé par des divisions de famille, Hector se trouvait heureux comme le sont tous ceux qui ne demandent à Dieu et aux hommes qu'un peu de place au soleil.

Par un jeu cruel de la destinée, sa cousine vint à rencontrer dans le monde la baronne de Montbel.

— Quelle est donc cette jolie bergeronnette si

---

(1) Riantz avait étudié à l'atelier de Coustou ; il a signé une *Daphné* cataloguée à la vente de la marquise de Pompadour, et une *Hébé* que le feu comte d'Orsay a retrouvée à Londres.

triste là-bas sur le sofa ? demanda la baronne à madame de Chastellux.

— C'est mademoiselle de Marvilliers, qui s'ennuie parce que son beau cousin n'est pas là.

— Quel est donc ce beau cousin ?

— Vous ne savez donc pas l'histoire de cette famille, qui se ruine pour une petite seigneurie ? La branche aînée possède, mais la branche cadette veut posséder : la raison du plus fort est toujours la meilleure. Cependant le procès, qui date de 1671, n'est pas encore fini ; les juges ont faim, comme dit le proverbe.

— C'est l'histoire des Capulet. Cette jolie Juliette me touche. Comment est donc son Roméo ?

— M. de Riantz est charmant.

— M. de Riantz ?

La baronne éclata de rire. C'était d'ailleurs la première fois de la soirée qu'elle montrait ses dents.

— Pourquoi riez-vous donc si joliment ?

— Pauvre Juliette ! son Roméo n'est pas digne de ses chagrins.

— J'ai vu M. de Riantz. Je vous jure que je le crois de bonne foi dans sa passion pour sa cousine. Pourquoi ne l'aimerait-il pas ? Est-ce parce qu'il est pauvre et que sa cousine est riche ? car c'est un grand caractère.

— Je veux bien qu'il soit amoureux de sa cousine ; mais en attendant l'hyménée, il poursuit vaillamment d'autres conquêtes.

— Le croyez-vous ?

— Il y a un certain hôtel au Marais où il va avec bien du plaisir.

— La pauvre enfant ! voyez : ne dirait-on pas qu'elle pressent...

— Ce n'est pas un vain pressentiment, car, ce soir, si M. de Riantz n'est pas avec elle, c'est qu'il est...

— Alors, il n'y a plus un galant homme au monde.

— Que voulez-vous ? la rivale de mademoiselle de Marvilliers est digne d'une vraie passion. L'amour est le dieu des surprises. M. de Riantz a aimé sans le vouloir, peut-être. Le mariage viendra ; tout sera oublié, ou, ce qui vaut mieux, on n'aura pas cessé de croire à sa fidélité, car c'est un secret que je viens de vous confier.

— Je l'entends ainsi.

En effet, ce secret fut si gardé, qu'avant la fin de la soirée une amie officieuse avait averti mademoiselle de Marvilliers que M. de Riantz aimait madame de Nestaing. Ainsi fut dévoilée la supercherie de La Châtaigneraye.

XX

Comment Riantz tua Riantz.

Un matin, de très-bonne heure, le marquis fut réveillé par son valet de chambre pour répondre à un étranger qui ne voulait pas attendre et qui ne voulait pas revenir.

La Châtaigneraye dit à Jasmin d'aller se promener. Mais Jasmin tint bon, disant que l'étranger n'avait pas la mine d'un homme qui fait antichambre.

— Je comprends ; c'est un duel, pensa le marquis. A qui donc ai-je encore pris la maîtresse ? Est-ce que madame de Montbel avait un amant ? Jasmin, comment s'appelle cet inconnu ?

— Il n'a pas voulu me dire son nom, voulant avoir le plaisir de vous l'apprendre lui-même.

Jasmin sortit. Bientôt un jeune homme apparut à la porte de la chambre à coucher du marquis. Il était triste et fier, grave et digne ; il s'avança lentement vers le lit.

— Que voulez-vous, monsieur ? dit La Châtaigneraye en se soulevant sur l'oreiller d'un air impatient.

— Une réparation ! répondit le jeune homme d'une voix brève.

— Daignez me donner le temps de m'habiller ; mais qui êtes-vous ?

Le jeune homme sourit avec amertume ; il répondit avec un accent de colère :

— Vous connaissez mon nom, si vous ne me connaissez pas.

— Tout ceci a bien l'air d'une énigme ; mais qu'importe ? le nom ne fait rien à l'affaire. Veuillez m'exposer vos griefs.

— Je n'ai qu'un mot à vous dire : je m'appelle M. de Riantz.

La Châtaigneraye comprit en pâlissant.

— Tout ce qu'il vous plaira, monsieur, dit-il en sonnant Jasmin.

Le valet, qui écoutait à la porte, survint d'un air distrait.

— Jasmin, habille-moi lestement.

Et, se tournant vers Hector de Riantz :

— Comment voulez-vous vous battre ?

— Vous le voyez bien, monsieur, je porte une épée.

— Si vous n'avez pas de prédilection pour Vincennes ou Boulogne, je puis vous offrir un lieu sûr et paisible : j'ai un parc dans le Marais.

— Vos témoins sont-ils là ?

— Jasmin, tu iras avertir Champignolles. Si nous allons au Marais, j'y trouverai un second témoin.

Hector de Riantz avait répondu par deux signes affirmatifs.

— Me voilà habillé ; nous allons partir.

— Jasmin, recommande bien au chevalier de ne pas nous faire attendre. Si la baronne vient, tu lui diras...

La Châtaigneraye regarda l'épée de Riantz en homme qui interroge la destinée :

— Tu ne lui diras rien.

Le marquis souleva la portière; Hector de Riantz passa; les témoins du jeune homme se promenaient de long en large dans la rue.

— Faut-il prendre un fiacre ? dit l'un d'eux.

— Messieurs, dit le marquis de l'air du monde le plus engageant, voulez-vous que je demande mon carrosse ?

On résolut d'aller à pied.

La conversation s'engagea. On commença à parler duel, on finit par parler opéra. Hector seul demeurait silencieux ; il poursuivait de ses rêves l'image adorée de mademoiselle de Marvilliers.

On arriva bientôt à la petite maison du Marais. Le marquis alla éveiller Franjolé.

— Mon ami Franjolé, vous êtes un gentilhomme par votre violon et votre science, vous pouvez me servir de témoin dans un duel.

— Pourquoi ce duel ?

— Parce qu'en prenant un pseudonyme pour un exploit amoureux, je suis tombé tout juste dans le nom d'un gentilhomme qui ne veut pas signer mes œuvres.

— Le cas est mauvais; mais il n'y a pas là de quoi se couper la gorge. Du reste, c'est votre affaire ; s'il le faut même, tout mort que je sois, je vous servirai de second. Je n'ai pas tout à fait oublié les jeux de l'épée.

En disant ces mots, Franjolé s'était habillé. Il suivit La Châtaigneraye dans le parc, où l'adversaire et ses témoins se promenaient gravement.

— Messieurs, dit le marquis, j'attends un second témoin ; mais, si vous voulez passer aux préliminaires...

— A l'instant même ! s'écria Hector de Riantz.

Le joueur de violon s'approcha de lui.

— Vous êtes l'offensé, lui dit-il doucement ; M. le marquis de La Châtaigneraye est tout prêt à vous rendre raison de l'offense. Vous allez vous battre, mais n'avez-vous rien de mieux à faire ? Prenez garde, le soleil est beau ce matin. N'y a-t-il donc pas sous le soleil quelque douce et belle créature qui pense à vous à cette heure ?

— Avant de discuter, je veux me battre ! dit le jeune homme avec impatience.

— Croyez-en un homme qui a été tué en duel.

— Monsieur, vous prenez mal votre temps pour vous moquer de moi !

— Regardez-moi, dit tristement Franjolé, je vous parle avec gravité.

Riantz leva un regard distrait; il fut frappé de la pâleur mortelle de Franjolé.

— Monsieur de Riantz, votre honneur n'est pas dangereusement atteint; M. de La Châtaigneraye a pris votre nom pour séduire une belle femme. Vous avez trop d'esprit pour ne pas comprendre qu'en amour le nom n'y fait rien.

— Vous avez raison, répondit Riantz; mais c'est mon épée qui veut avoir raison.

Disant ces mots le jeune homme dégaina.

— Mesurez les épées, ajouta-t-il.

A cet instant, le chevalier accourut tout essoufflé. En deux mots on le mit au courant de l'affaire.

— Eh ! mon ami, dit-il à la Châtaigneraye en caressant sa moustache, que n'avez-vous pris mon nom pour séduire la dame ?

— On ne pense pas à tout, dit le marquis.

On donna le signal : La Châtaigneraye résolut de ne se battre qu'*à son corps défendant;* Riantz attaqua violemment ; il donna quelques coups de maître que le marquis ne détourna qu'avec peine ; par malheur, la mort le fascinait et l'égarait : il se jeta pour ainsi dire sur l'épée de son adversaire ; il fut atteint au cœur. La Châtaigneraye n'eut qu'une égratignure dans le côté.

Franjolé, qui n'était ni pour ni contre, avait vu avec une vraie douleur les combattants entrer en lice. Il semblait que ce fatal duel lui rappelât un triste souvenir, tant il était pâle et défaillant. Il fut le premier à secourir le pauvre Hector de Riantz.

— Vous aviez raison, lui dit le jeune homme d'une voix étouffée.

Tous les secours furent inutiles ; il expira dans le parc sans ajouter un seul mot.

La Châtaigneraye, désolé, brisa son épée avec fureur.

— Mon pauvre Franjolé, dit-il avec agitation, je vais m'enfermer ici pour longtemps ; je ne veux plus voir le monde ; je veux porter le deuil de ce pauvre gentilhomme, dont j'ai pris le nom et la vie.

Franjolé tendit silencieusement la main à La Châtaigneraye.

Vers midi et demi, la baronne de Montbel, qui attendait le marquis de La Châtaigneraye pour une promenade, reçut ce billet des mains du chevalier de Champignolles :

« Ne m'attendez pas, chère baronne ; je me suis

« réveillé ce matin pour un duel. Un pauvre gar-
« çon qui s'appelait M. de Riantz a voulu à toutes
« forces se battre avec moi Malgré moi je l'ai atteint
« au cœur. Je suis désolé, ce coup fatal m'a frappé
« moi-même. Je suis résolu à ne plus aller dans le
« monde avant quelque temps. Je veux vivre seul.
« Je me sépare violemment de tous mes amis, hor-
« mis un seul : le joueur de violon ; mais celui-là
« n'est plus de ce monde. Quoiqu'il m'en coûte, je
« ne veux pas qu'aucun sentiment de plaisir vienne
« troubler mon deuil. Vous comprenez, madame,
« pourquoi je cesse de vous voir, sinon de vous
« aimer.
« Marquis DE LA CHATAIGNERAYE. »

XXI

Épitaphe.

Ce jour-là, la baronne de Montbel alla voir la comtesse de Nestaing. Elle était émue jusqu'aux larmes, elle qui ne pleurait presque jamais. Comme il y avait du monde dans le salon, elle entraîna son amie vers la chambre à coucher.

— Qu'as-tu donc ? demanda madame de Nestaing.

— Ma pauvre belle, je ne sais comment te dire le malheur qui nous frappe du même coup.

— Parle, mais parle, de grâce !

— M. de Riantz est mort !

Madame de Nestaing pâlit, chancela, et s'appuya tout éperdue sur l'épaule de madame de Montbel.
—Que dis-tu ? demanda-t-elle d'une voix déchirante. Tu me trompes, on t'a trompée ! Est-ce qu'on meurt à vingt-cinq ans ?

— M. de Riantz a été tué en duel ce matin.

— Il s'est battu ! Pourquoi ! Avec qui ?

— Il s'est battu avec M. de La Châtaigneraye : voilà pourquoi tu me vois si triste. Je ne sais pas la cause du duel. J'ai reçu un billet du marquis de La Châtaigneraye, qui n'en dit pas un mot. Le chevalier de Champignolles, qui m'a apporté ce billet, m'a averti que M. de La Châtaigneraye s'était enfermé pour longtemps ; qu'il voulait renoncer au monde en expiation de ce duel. Tout cela est fort triste pour moi, qui m'étais si bien accoutumée à voir le marquis ; pour toi, qui n'étais pas fâchée des visites de ce pauvre M. de Riantz ; enfin pour mademoiselle de Marvilliers, qu'il aimait et qu'il devait épouser pour faire une fin.

Madame de Nestaing n'écoutait pas : abîmée dans sa douleur soudaine, elle croyait rêver ; mille idées poignantes traversaient son âme : elle n'avait jamais si bien senti qu'elle aimait La Châtaigneraye.

— Où est M. de Riantz ! dit-elle tout à coup en saisissant la main de madame de Montbel. Où est-il? il faut que je le voie !

— Il a succombé près d'ici, dans le parc de M. de La Châtaigneraye. Peut-être les retrouverions-nous encore à cette heure, toi celui qui est mort, et moi celui qui pleure.

— Allons ! j'aurai le courage d'arriver jusque-là avant de mourir.

— Non, nous n'irons pas : M. de Riantz n'y est plus. Ses amis ont dû le transporter à son hôtel.

Madame de Nestaing se laissa tomber dans un fauteuil.

— De grâce, fais que j'aille au moins pleurer sur son tombeau. Quand j'aurai pleuré, Dieu me fera la grâce de mourir. Hélas ! il est mort sans me dire adieu, lui, pas un seul mot !

— Je te conduirai à son tombeau. On pleure les morts, mais on n'en meurt pas. Adieu !

La baronne partit ; madame de Nestaing pleura, elle pleura encore, elle pleura longtemps, évoquant sans cesse le souvenir de M. de Riantz. Plus que jamais elle erra dans la sombre allée où elle l'avait vu si amoureux et si tendre. Elle poursuivait de ses songes son ombre fugitive; elle cherchait à se rappeler tous les traits de cette belle et noble figure ;

mais quoique cette figure fût pour jamais dans son cœur, elle ne la voyait déjà plus dans toute la vérité. Ce qui faisait surtout le caractère et le charme de cette figure, c'était la grâce du sourire, c'était le feu du regard, c'était je ne sais quel rayon de noblesse et de fierté. Maintenant qu'il était mort en l'esprit de madame de Nestaing, elle ne voyait dans sa douleur qu'une figure éteinte, des traits abattus, une bouche sans sourire, un œil sans regard : c'était toute une métamorphose. Aussi, après huit jours de douleur, la pauvre amante inconsolée n'avait plus en la mémoire qu'un portrait vague et changeant.

Madame de Montbel vint un matin la prendre pour la conduire au tombeau de M. de Riantz. Elles allèrent du même pas au cimetière des Innocents. Madame de Nestaing tomba agenouillée devant une tombe en marbre, surmontée d'une colonne brisée où étaient suspendues de fraîches couronnes de roses blanches. A travers ses larmes elle lut :

CI-GÎT
PIERRE-HECTOR LARIVIÈRE
MARQUIS DE RIANTZ
MORT EN LA XXVIe ANNÉE DE SON AGE
LE XII AOUT MDCCXVIII
Resquiescat in pace

La baronne de Montbel s'était agenouillée aussi, mais pour soutenir son amie, qui avait perdu toutes ses forces.

— Silence! dit tout à coup la baronne.

Madame de Nestaing étouffa ses sanglots et tourna la tête. Elle aperçut non loin de là une jeune fille qui venait de s'arrêter; c'était mademoiselle de Marvilliers, la triste fiancée de M. de Riantz.

— Voyons, du courage, ma pauvre Edmée, murmura la baronne, ne sois pas jalouse de ses larmes. Elle l'aime; mais c'est toi qu'il aimait. Laissons un peu de place à cette amante deux fois abandonnée.

Madame de Nestaing se leva sans mot dire, s'appuya sur le bras de son amie, jeta un tendre et triste regard sur le marbre, et s'éloigna lentement. Après quelques pas, elle tourna la tête. Mademoiselle de Marvilliers, à son tour, s'était agenouillée devant la colonne dans une douleur muette. Elle avait à la main une nouvelle couronne de roses blanches qu'elle baisait et arrosait de larmes.

— Hélas! dit la comtesse, moi je n'ai pas le droit de suspendre des roses blanches à son tombeau!

Le lendemain, à la même heure, madame de Nestaing retourna au cimetière; le surlendemain elle y retourna encore; trois semaines durant, elle alla tous les jours prier et pleurer sur la tombe d'Hector de Riantz. Elle trouvait un charme douloureux dans ce triste pélerinage ; c'était presque un rendez-vous ; elle allait le revoir, — elle allait le quitter ; — elle croyait que l'âme de son amant veillait auprès du tombeau, que cette âme venait au-devant d'elle, que cette âme la conduisait, — mille autres rêveries d'un cœur qui souffre, qui aime et qui désespère. Elle était si loin de douter que son amant fût là sous cette pierre, qu'elle tressaillait en s'agenouillant, comme si elle se fût agenouillée devant lui. Nulle voix secrète n'avertissait son cœur trompé que son amant n'était pas mort. Le cimetière l'attirait ; elle s'en éloignait avec regret ; elle croyait que tout son bonheur était en terre avec Hector de Riantz.

XXII

La philosophie et le violon de Franjolé.

La Châtaigneraye passa un mois en compagnie de Franjolé, déplorant la triste destinée d'Hector de ntz, discutant avec le joueur de violon certains points de philosophie touchant la mort.

— Puisque vous êtes mort, lui dit-il un jour, dévoilez-moi donc le mystère de la mort.

— Il n'y a pas de mystère : une fois mort, on vous enterre, on vous inflige une épitaphe, et tout est dit. Rien de plus simple.

— Mais l'âme ?

Le joueur de violon avait regardé par la fenêtre.

— Voyez donc le beau soleil qui rayonne sur ce parterre ; allons nous promener.

— Mais, encore une fois, que devient notre âme ?

— L'âme est au corps ce que le soleil est à la terre : la mort, c'est la nuit ; l'aurore, c'est le réveil ; notre âme, comme le soleil, va luire en d'autres pays.

— Vous ne savez pas ce que vous dites.

— Je parle à peu près comme un philosophe. Mais à quoi bon songer à la mort quand le soleil luit ? Que dites-vous de ces primes-roses ?

— Depuis un mois, je vois la mort partout.

— Depuis que je suis mort, je vois la vie partout. Dieu n'a pas voulu nous montrer la mort face à face ; dès que nous voulons la regarder, la vie nous éblouit.

Ainsi nos deux étranges solitaires divaguaient du matin au soir.

La Châtaigneraye ne retourna point chez madame

de Nestaing. Pour y retourner, il eût fallu qu'il portât encore le nom de Riantz. Le pouvait-il, lui qui avait tué Riantz parce que ce brave gentilhomme avait voulu venger son nom ? Malgré son amour pour la comtesse, le marquis résolut donc de ne pas la revoir. Il s'imposa ce sacrifice ; c'était encore une façon de porter le deuil de Riantz. Plus d'une fois il fut ébranlé dans cette résolution violente. Madame de Nestaing avait tant de charmes pénétrants ! Il se rappelait avec d'amères délices certaines heures de joie amoureuse passées près d'elle et avec elle ; il voyait sans cesse cette douce et triste image qu'il avait animée d'un rayon de gaieté et d'amour. Il lui semblait l'entendre encore parler ce doux langage fait pour le cœur, mais qui n'est plus qu'un vain babil quand le cœur n'entend pas. Il lui baisait la main, s'enivrait de son regard, nouait et dénouait sa folle chevelure, enfin il ressaisissait tous les trésors du souvenir.

Un jour cependant, l'amour fut le plus fort. La Châtaigneraye sortit pour aller revoir madame de Nestaing.

— C'est la dernière fois, c'est le dernier adieu, disait-il pour s'excuser. Je la reverrai, je lui toucherai la main....

Mais il se reprit tout à coup en voyant la porte de l'hôtel.

— Non, non, je n'irai pas; si elle m'a oublié, pourquoi la troubler ? si elle pense à moi, pourquoi ranimer ses regrets ? Non, non, en tuant Riantz, j'ai porté un coup mortel à cet amour; mon cœur n'y trouverait plus ni joie ni plaisir; ce pauvre Riantz m'apparaîtrait toujours à côté d'elle.

Il alla retrouver Franjolé et le pria de jouer du violon.

XXIII

Nouveaux horizons.

Vers ce temps-là, un revers de fortune vint frapper madame de Nestaing. La pauvre femme résolut de quitter Paris, quoique Paris lui fût cher par sa douleur. Elle ne voulait pas retourner dans sa province; elle avait hérité de son père un petit domaine en Picardie, le domaine de Froidmont, vieille seigneurie démantelée depuis les guerres de religion. Cette ruine austère était la digne retraite d'une douleur comme la sienne. Elle consulta sa mère. Quoique madame de Grandclos aimât sa compagnie parisienne, elle se résigna sans trop de regrets à suivre sa fille dans la solitude de Froidmont, espérant d'ailleurs qu'elle retrouverait là quelque vieux curé sachant faire sa partie d'échecs.

Madame de Nestaing vint donc avec sa mère habiter Froidmont. On touchait à l'automne. Elles arrivèrent en carrosse dans l'avenue du château un soir de septembre 1719. Le soleil se couchait dans un horizon empourpré ; un vent du sud assez violent par intervalles détachait déjà des feuilles jaunissantes. Quoique le temps fût beau, madame de Nestaing trouva le paysage triste et le château désolé. Elle en franchit le seuil en tressaillant, comme si elle eût franchi le seuil d'un tombeau.

Un vieux jardinier attendait les nouvelles habitantes. C'était une espèce d'ermite qui psalmodiait des psaumes en cultivant la rose et le persil. Il avait, dans son enfance, étudié sous les jésuites de la province, par la protection de l'archevêque de Reims. Son protecteur étant mort trop tôt, messire Jacques Lebeau avait, sans façon, repris le râteau et la bêche de son père, mais sans abandonner tout à fait les leçons des jésuites. Il y avait à peu près un demi-siècle qu'il gouvernait tant bien que mal le domaine de Froidmont, affermant, percevant les revenus, les remettant à qui de droit, ne réservant pour lui que ce qui poussait dans le jardin. Il se chauffait avec les arbres morts, vivait de légumes ou de braconnage, n'avait jamais recours à qui que ce fût et ne se servait que de la lumière du soleil.

En 1719, le château de Froidmont, dont il reste encore des ruines curieuses, était un manoir majestueux, quoique dévasté : bâti au sommet d'une montagne couverte de bois, il dominait tout le paysage par deux tours crénelées qui avaient résisté aux ligueurs. On y arrivait par une avenue d'ormes centenaires, qui partait du milieu de la montagne. Le portail, d'architecture gothique, était orné de sculptures légères. La façade avait subi les ravages de la guerre et du temps. Il était surtout déparé par un perron nouvellement relevé par quelque maçon du terroir. Cependant Froidmont conservait encore un grand caractère, quelque chose d'imposant et de formidable. Madame de Nestaing avait presque peur en montant le perron. La nuit tombait, le vent sifflait dans les vitres brisées, un cri d'oiseau nocturne retentissait dans le grand bois de la montagne. Elle prit la main de sa mère.

— Jacques, dit-elle au jardinier, allumez les lampes ; j'ai peur du silence et de la nuit.

Jacques prit les devants. Il revint bientôt, armé de deux lampes de fer qu'il n'avait pas décrochées dix fois depuis vingt ans.

Madame de Nestaing et sa mère suivirent le jardinier, qui les promena dans tous les détours du château. La comtesse remarqua partout l'araignée qui filait sa toile en toute quiétude. Le château n'avait pas été habité depuis 1691, année de la mort du dernier des Froidmont. Les meubles étaient restés à leur place ; mais Jacques Lebeau, plus soucieux du jardin que des appartements, avait trop bien respecté la poussière.

La comtesse s'installa dans une petite chambre dont les deux fenêtres s'ouvraient sur le jardin. L'ameublement de cette pièce était en bois de rose incrusté ; le lit à baldaquin était garni de damas jaune à fleurs, que le soleil et l'humidité avaient tour à tour altéré. Une pendule en marqueterie et deux cornets en porcelaine du Japon ornaient la cheminée. Madame de Nestaing remarqua dans les cornets des bouquets cueillis le soir même. Au-dessus de la glace, dans un joli cadre sculpté en forme de grappes, un mauvais peintre avait représenté Diane chasseresse poursuivant un cerf. En face de la cheminée étaient appendus d'autres tableaux mythologiques du même peintre : Héro et Léandre, Jupiter et Léda, Ariane et Thésée, Cupidon aux pieds de sa mère. Malgré ces peintures, cette chambre était la plus agréable du château par les points de vue que donnaient ses fenêtres. On voyait à travers les arbres du parc la fontaine de *Julienne-la-Belle* jaillir en gerbes brillantes d'une roche gigantesque, pour aller tomber en cascades sur la roue vermoulue d'un petit moulin dont le babillage monotone retentissait jour et nuit.

Le temps passa tristement pour les hôtes du château de Froidmont. Madame de Grandclos regrettait les belles années où, fraîche et jolie, elle entraînait sur ses pas les hommages des plus galants gentilshommes de la cour de Louis XIV, où son hôtel était entouré de laquais et d'équipages, où elle dépensait royalement son esprit, son cœur et son argent. Madame de Nestaing avait subi deux terribles atteintes : vous savez déjà la seconde, vous saurez bientôt la première. Deux fois elle avait été frappée au cœur. Elle ne traînait plus qu'une vie chancelante et désolée. De quelque côté qu'elle tournât ses regards dans l'avenir, l'horizon lui apparaissait sous les couleurs les plus sombres : des fantômes passaient toujours comme des nuages sur sa destinée ; elle ne se consolait qu'à force de pleurer. La Châtaigneraye l'eût peut-être consolée de son premier malheur ; mais, dès qu'elle le crut mort, elle vit combien elle avait été coupable ; le repentir lui vint avec la douleur.

Quoiqu'elle voulût vivre seule avec ses tristes

souvenirs, il lui fallut subir quelques visites de voisinage. Le comte de Liez et le chevalier de Franval passaient au château de Liez, à une demi-lieue de Froidmont, presque toute la saison d'hiver par amour pour la chasse. Ils ne retournaient à Paris que pour les fêtes du carnaval. Le comte de Liez, un peu curieux, apprenant qu'une jolie femme venait habiter les ruines de Froidmont, voulut savoir la raison de cette retraite.

Un jour, tout en chassant avec son jeune ami le chevalier de Franval, il entra sans trop de façon au château et demanda la grâce de présenter aux dames du lieu sa femme et sa sœur. Il fut accueilli avec une froideur glaciale par madame de Nestaing ; mais madame de Grandclos, qui ne voulait pas encore dire au monde un éternel adieu, s'empressa du jurer au comte que toute sa famille serait bienvenue à Froidmont. De là visites forcées de part et d'autre. Madame de Nestaing finit par trouver un certain charme à voir mademoiselle de Liez : c'était une jeune fille de dix-sept ans, douce et naïve, répandant avec effusion les trésors de son cœur sur tout ce qui l'entourait, — comme la rose qui s'ouvre en parfumant le parterre, — dirait M. Anacréon.

En dehors de ces visites, madame de Nestaing vivait ou plutôt se laissait vivre dans la plus grande solitude, passant ses jours en promenades dans le bois de *Julienne-la-Belle* ou dans la vallée de Froidmont. Le seul être humain qui osât la troubler dans ses rêveries était maître Jacques Lebeau, dont la bêtise orgueilleusement épanouie la faisait quelquefois sourire.

Le personnel du château n'était pas innombrable: il se composait du jardinier, qui avait conservé ses fonctions d'intendant ; d'un laquais, qui n'avait rien à faire ; de Marton, qui s'ennuyait beaucoup, mais qui tenait bon par dévouement pour sa triste maîtresse ; enfin, de deux servantes pour l'office et la basse-cour.

Pour voir de plus près madame de Nestaing dans sa douleur et sa solitude, suivez-la un beau matin d'octobre dans quelque agreste promenade, ou plutôt lisez une de ses lettres à son amie la baronne de Montbel.

« Oui, ma chère Julie, je suis au désert, appre-
« nant à mourir, m'abreuvant de mes larmes. Ma
« vie est bien triste, plus triste que l'automne qui
« dévaste notre vallée. Sous quelle fatale étoile
« suis-je donc née ? Est-ce donc pour pleurer que
« je suis venue au monde ? Tu ne sauras jamais,
« toi qui ris si joliment, non, tu ne sauras jamais
« quelle douleur sans fin je traîne avec moi dans
« quelque lieu que j'aille.

« Je t'ai parlé du château de Froidmont. Tu sais
« que jamais solitude ne fut plus glaciale et plus
« désolée. Eh bien, je suis moi-même plus triste
« que ce manoir en ruines. Ma pauvre mère prend
« assez bien son parti ; elle a retrouvé un curé de
« village pour jouer au trictrac ou aux échecs. Pen-
« dant qu'elle joue, moi je rêve, je lis ou je me
« promène. Les promenades sont sauvages, comme
« je les aime : des rochers, des cascades, un grand
« bois, tout semble fait ici pour ma douleur. Le
« matin, quand le temps est beau, je sors en grand
« négligé, je vais droit à la fontaine de *Julienne-la-*
« *Belle,* dont le murmure sur les rochers parle plus
« éloquemment à mon pauvre cœur ; j'écoute,
« j'écoute encore ; je m'assieds sur l'herbe, des
« gouttes brillantes viennent arroser mon front qui
« brûle ; je reste ainsi durant de longues heures, ne
« pouvant dire pourquoi j'aime à être toute seule,
« les yeux pleins de larmes, le cœur palpitant...
« Est-ce que tu as revu M. de La Châtaigneraye ?
« Est-ce qu'il t'a parlé de M. de Riantz ?...
« Le reste du temps, j'erre comme l'ombre de
« moi-même dans les grandes salles désertes du
« château ou dans les allées du jardin. Au prin-
« temps, on doit réparer tous les ravages faits au
« mobilier et aux lambris. A vrai dire, j'aimerais

« mieux que le château restât tel qu'il est, dans sa
« noble vétusté. Ces corniches dévastées, ces tapis-
« series en lambeaux, ces glaces tachées, ces pla-
« fonds qui ne tiennent à rien, ces solitudes noires
« et vermoulues, ont pour moi je ne sais quel
« charme de tristesse, d'abandon, de ruine. Ah !
« voilà bien le lieu qu'il me fallait habiter.

« Il y a une bibliothèque, j'y prends tous les
« jours un nouveau livre que j'entr'ouvre à peine ;
« en promenade, c'est toujours le livre que je n'ai
« pas que je voudrais lire. Je crois que, pour aimer
« la lecture des romans, il faut espérer encore quel-
« que chose de l'amour. Tu comprends que ce
« n'est pas un roman qu'il faut pour me distraire.

« Je suis distraite de temps en temps par un vieux
« jardinier qui est bête à faire peur. Figure-toi un
« petit homme cassé, vêtu d'une houppelande
« violette, coiffé d'un bonnet pointu, chaussé de
« sabots ou plutôt de petits bateaux. Mais l'habit
« n'est rien, quand on pense à son esprit. Il a étudié
« six mois chez les jésuites, il part de là pour se
« croire un savant ; il raisonne à perte de vue sur
« les plantes ; il fait des dissertations sur les choux ;
« il me gâte ce jardin, parce qu'aussitôt qu'il me
« voit venir il accourt, un bouquet à la main et un
« compliment à la bouche. — Ah ! s'écrie-t-il

« souvent avec un soupire, si monseigneur l'arche-
« vêque n'était pas mort sitôt, j'aurais fait mon
« salut en latin.

« As-tu jamais entendu nommer le comte de
« Liez, sa femme, sa sœur mademoiselle Julie, son
« ami le chevalier de Franval ? Nous les voyons
« quelquefois, parce qu'ils nous ont recherchées.
« J'ai consenti à les visiter à mon tour, pour dis-
« traire un peu ma mère. Le comte a probablement
« de l'esprit ; le chevalier n'en a guère, il est émer-
« veillé de sa petite personne, il prononce les z avec
« les plus jolies grimaces du monde. C'est un vrai
« petit-maître musqué et pirouettant. J'ai bien peur
« que mademoiselle de Liez n'en devienne amou-
« reuse : elle est charmante et digne d'un tout
« autre personnage. Pour madame de Liez, c'est
« une femme sur le retour qui joue à la jeunesse ;
« elle baisse les yeux et fait des mines. Si j'avais
« envie de rire, je serais embarrassée devant elle.
« Elle m'a dit quelle connaissait M. de La Châtai-
« gneraye, quelle espérait l'avoir un jour à son
« château. J'ai d'abord frémi à l'idée de rencontrer
« cet homme ; le croirais-tu ? maintenant je
« désire le voir ! je ne saurais expliquer pourquoi
« j'ai cette triste et horrible curiosité, sans doute
« parce que je ne me plais que dans la désolation.

« Ce pauvre Riantz ! j'ai beau chercher à ressai-
« sir fidèlement les traits de sa noble figure, je ne
« parviens qu'à grand'peine à me représenter cette
« image adorée. Pourtant je la poursuis sans cesse
« de toute la force du souvenir. Que ne donnerais-
« je pas pour avoir un portrait de lui grand comme
« le médaillon de mes bracelets.

« Edmée. »

Trois années se passèrent ainsi, tristes, silencieu-
ses, pleines de larmes. Madame de Nestaing n'avait
de nouvelles du monde que par ses voisins et par
quelques lettres griffonnées par Madame de Montbel dans ses jours d'ennui. Elle se résignait à la solitude sans regrets et sans espérances. Quoiqu'elle
eût à peine vingt-quatre ans, elle subissait déjà les
ravages du temps ; ses beaux yeux étaient abattus,
son teint se flétrissait, sa bouche avait perdu sans
retour ce sourire si rose qui est le sourire du printemps. Loin de se plaindre de ses mortelles atteintes, elle les voyait avec une joie funèbre. C'était des
présages de mort. Et, depuis qu'elle avait vu le
tombeau de Riantz, elle aimait la mort.

XXIV

Nouvelle campagne du marquis.

Cependant, que devenait le marquis de La Châtaigneraye ?

Après un deuil, c'est-à-dire une solitude de deux mois avec Franjolé, il fit sa rentrée dans le monde, où l'on racontait mille histoires incroyables sur sa disparition. Quand il reparut, c'était à qui, parmi les femmes surtout, le verrait et lui parlerait. Il était devenu célèbre comme un héros de roman : jamais un héros de roman n'avait tant tourné de têtes. La Châtaigneraye, triste encore, ne jouit point de ce nouvel éclat de renommée. Vingt femmes des plus belles se trouvaient autour de lui, toutes prêtes à lui répondre. Il les dédaignait pour le souvenir toujours palpitant de madame de Nestaing.

La baronne de Montbel parvint pourtant à le distraire de cette passion sérieuse : elle remit si bien en jeu toutes ses mille coquetteries, qu'il se laissa séduire et entraîner, peut-être parce qu'elle connaissait madame de Nestaing.

Il ne trouva qu'ennui dans cet amour ; indigné de jouer si longtemps le rôle de coureur d'aventures, il partit pour les guerres d'Italie. Il commençait à trouver misérable cet amour sans foi ni loi qui tourne à tous les vents. Il voulait enfin devenir un homme, dût-il payer cette conquête de son sang.

On sait que La Châtaigneraye fut vaillant sur le champ de bataille comme dans ses aventures amoureuses. Un brave est toujours brave, quelle que soit l'action. A sa seconde campagne, emporté par toute l'audace des fureurs héroïques, il laissa dans l'armée, par des prodiges de valeur, des souvenirs durables. Il eut plus d'une fois les honneurs de la journée ; mais la gloire se paye toujours cher : il revint à Paris, presque défiguré par un coup de sabre sur le front. Un de ses sourcils fut partagé pour toujours. Il n'en resta pas moins un des plus beaux gentilshommes de la cour.

A peine de retour de ses campagnes, le marquis de La Châtaigneraye reçut ce billet du comte de Liez :

« Tous les ans, mon cher marquis, à la saison
» des chasses, je compte sur vous pour battre nos
» vallons et nos montagnes. Nous avons des cerfs
» et des dains, des chevreuils et des sangliers : en
» un mot, notre chasse ne serait pas indigne de
» monseigneur le Régent. Une fois pour toutes, ve-
» nez donc ! Les dernières avoines sont fauchées,

» il n'y a plus dans les champs que des regains
» pour protéger messire Lièvre et Jean Lapin. Le
» bois des Grands-Genêts s'éclaircit déjà ; voici
» l'heure qui sonne de reprendre le cor suspendu,
» de presser les flancs des coursiers qui piaffent
» d'impatience. Par Saint-Hubert, en avant !

» Madame de Liez serait charmée de vous comp-
» ter au nombre de ses hôtes. Elle n'a point oublié
» que l'autre hiver, au Palais-Royal, elle a dansé
» avec vous un pas de Zéphir des plus remarqua-
» bles. Je ne vous promets pas de vous faire dan-
» ser à Liez : mais, si la chasse n'a point assez d'at-
» trait pour vous, nous parviendrons pourtant à
» vous distraire : la campagne est si belle ici ! nos
» amis de province sont curieux à connaître, les
» uns par leurs ridicules, les autres par leur charme.
» Le croiriez-vous ? il y a sur notre montagne, au
» château de Froidmond, une madame de Nestaing
» qui est merveilleusement belle et qui s'est retirée
» du monde en pleine jeunesse. Nous ne pouvons
» deviner pourquoi. Si vous veniez, divin roué que
» vous êtes, vous seriez capable de lire le roman
» de cette âme solitaire. Comme disait mademoi-
» selle de Lenclos, c'est peut-être une âme dépa-
» reillée.   » Adieu; je vous attends.

                 » Comte de LIEZ. »

C'était le vingtième billet que le comte écrivait au marquis. La Châtaigneraye, recherché partout, avait à peine répondu jusque-là. Il frémissait à l'idée d'aller chasser en si mauvais terroir, dans un pays de loup où on ne pouvait arriver que par d'horribles chemins.

Cette fois, il ne répondit pas ; il résolut sur-le-champ d'aller surprendre le comte de Liez, dût-il briser son carrosse et tuer dix chevaux.

Il arriva sur le soir, par une pluie battante, au pied de la montagne de Liez, n'ayant encore cassé qu'une roue à son carrosse et mis quatre chevaux sur le flanc.

Il voulut monter un peu vite ; cette fois l'essieu se rompit, les chevaux eurent peur, et reculèrent en dépit du postillon ; le carrosse roula dans un ravin avant que La Châtaigneraye eût le temps de mettre pied à terre. Le marquis se crut perdu ; mais puisqu'il y a un Dieu pour les enfants, il y a un Dieu pour les amoureux, qui sont aussi des enfants. Le carrosse fut arrêté par un bouleau au beau milieu de sa chute. La Châtaigneraye en fut quitte pour la peur et quelques égratignures. Il ouvrit la portière, sauta sur l'herbe du ravin et joignit son laquais, qui le regardait les bras ouverts et la bouche béante.

— Coquin ! dit-il en le secouant comme un jeune arbrisseau.

Il saisit un bâton de fagot et battit Champagne pour se remettre de sa colère.

— Va-t'en secourir le postillon, qui se débat avec ses chevaux.

Le laquais descendit au plus vite. La Châtaigneraye poursuivit sa route à pied dans la montagne. Après une demi-heure de marche dans le gravier, par la pluie toujours battante, il arriva tout ruisselant à la porte du château de Liez. Il frappa à coups redoublés. Un palefrenier à moitié endormi vint ouvrir en grognant plus haut que les chiens.

— Qui va là ? cria-t-il.

— Ouvrez ! répondit La Châtaigneraye d'une voix impérieuse.

— Dieu merci, vous prenez bien votre temps pour faire des visites. On ne mettrait pas un chrétien à la porte.

— Drôle ! si tu n'ouvres pas...

La porte s'ouvrit comme par enchantement.

— Passe en avant pour annoncer le marquis de La Châtaigneraye.

Et, disant cela, le marquis menaçait le palefrenier de son bâton de fagot. Cet homme, un peu rude et un peu fier, se révolta de la menace.

— Mon métier n'est pas d'annoncer les gens. Je suis ici pour les chevaux.

La Châtaigneraye saisit son bâton à deux mains et poursuivit le palefrenier.

— Il ne fait pas un temps à discuter ! cria-t-il en secouant ses habits ruisselants.

A cet instant, le comte de Liez, curieux de savoir le premier qui pouvait venir à cette heure et par cette pluie d'automne, s'avança sur le perron. Il ne fut pas peu surpris d'entrevoir dans l'ombre un étranger qui battait son palefrenier à tour de bras.

— Holà ! quelqu'un ! cria-t-il en se tournant vers le château.

A la voix du maître, toute la valetaille, qui eût laissé paisiblement rouer de coups de bâton le pauvre palefrenier, sortit avec des lumières et des armes domestiques. Presque en même temps le chevalier de Franval arriva sur le perron, suivi des dames de Liez.

Liez, croyant reconnaître un ami, descendit à sa rencontre. Il était temps, car le palefrenier venait sournoisement de lâcher un chien de garde qui l'eût vengé à belles dents sans la présence du comte.

On entra au salon, où l'on reconnut enfin le visiteur nocturne, qui raconta son voyage.

— J'étais bien sûre que c'était un personnage, dit

madame de Liez en faisant des mines ; un homme qui s'annonce si bruyamment et qui bat si bien les gens ! Voilà qui est du grand air !

La Châtaigneraye secoua dans le grand feu du salon son feutre transpercé.

— Ah ! charmante cousine ! dit-il en baisant la main de madame de Liez avec une galanterie toute royale, ce n'est pas en carrosse, mais en nacelle, qu'il faut venir à vous. Vous avouerez mon cher comte, poursuivit La Châtaigneraye, qu'il faut aimer la chasse pour venir à Liez au mois de décembre.

— Vous arrivez bien à propos : demain et après-demain nous faisons une belle et bonne battue dans le bois des Grands-Genêts, au-dessus du château de Froidmont. Vous serez des nôtres ?

— De tout mon cœur ! Qu'est-ce donc que ce château de Froidmont ?

— L'ermitage d'une gracieuse cénobite qui s'est retirée du monde, madame la comtesse de Nestaing. La connaissez-vous, marquis ?

La Châtaigneraye ne savait trop quelle figure faire.

— Je ne me rappelle jamais le nom, mais la figure, répondit-il d'un air distrait.

— Nous la verrons bientôt, dit madame de Liez ; prenez garde, monsieur de La Châtaigneraye, c'est une figure qu'on n'oublie jamais.

— Elle est donc presque aussi belle que vous, comtesse ?

— Flatteur ! Cherchez dans vos souvenirs les plus jolies images : un teint de neige sous la pourpre, un ovale de vierge allemande, une chevelure opulente et fine, des yeux bleus qui vous parlent du ciel.... Mais je crois que le souper est servi ; c'est un thème plus souriant à cette heure.

Le souper fut long et joyeux. Cependant le comte de Liez remarqua que La Châtaigneraye n'avait pas son insouciance accoutumée.

Quand La Châtaigneraye fut seul, il se demanda sérieusement quel rôle il devait jouer désormais avec madame de Nestaing. Il l'aimait comme aux plus beaux jours. Seule entre toutes celles qu'il avait séduites, elle conservait de l'empire sur ce cœur volage. Il n'avait jamais pu oublier ces beaux yeux qui venaient du ciel, comme disait madame de Liez ; enfin un peu d'encens pur avait brûlé pour lui dans cet amour et son âme en respirait encore le parfum avec ravissement.

Mais comment reparaître aux yeux de madame de Nestaing sans risquer de la rendre folle ? Il savait par madame de Montbel que la comtesse avait pleuré, de ses larmes les plus amères, la mort de Riantz. Comment lui dire : « C'est moi qui ai tué

Riantz, moi que vous aimiez sous le nom de Riantz. »
Le voudrait-elle croire ?

— Une idée ! s'écria tout à coup le marquis en se frappant le front. Si je faisais semblant de ne pas la connaître ; j'ai vieilli, ce coup de sabre italien m'a quelque peu défiguré ; j'ai changé de coiffure ; qui sait si madame de Nestaing me reconnaîtrait ? D'ailleurs, elle n'a jamais osé autrefois me regarder en face... Mais, si je me présente à elle comme le meurtrier de son amant, je cours le risque d'être assez mal accueilli... Qu'importe ? que je paraisse devant elle en Riantz ou en La Châtaigneraye, il y a là un curieux chapitre de roman.

XXV

La fontaine de Julienne-la-Belle.

En 1723, vers la fin de décembre, par une matinée sombre et humide, madame de Nestaing se hasarda, sur la pointe des pieds, sur le sentier de la fontaine de *Julienne-la-Belle*, où elle n'était pas allée rêver depuis près d'un mois.

Elle avait jeté sur ses épaules un mantelet de soie noire que le vent de bise battait et soulevait. Une touffe de cheveux échappée au peigne se jouait sur sa figure pâle et triste. Sa beauté n'avait jamais été plus touchante. Le négligé du matin, en pleine campagne, lui allait à merveille, à cette femme, toujours simple et toujours belle.

Ce jour-là, le paysage de Froidmont était d'une désolation infinie : les corbeaux s'abattaient sur l'éteule avec leurs lugubres croassements; les moineaux en disette sautillaient sur les branches nues, tout en criant famine; une vapeur terne s'étendait sur tout le ciel, où le soleil semblait éteint; nulle figure humaine ne se montrait dans la montagne; n'eût été quelque nuage de fumée s'élevant de la cheminée des chaumières, on se fût imaginé assister à la fin du monde. Mais ce qui surtout attristait le paysage, c'était la vue des branches cassées par le dernier givre. Tous les arbres étaient défigurés par leurs rameaux pendants.

Madame de Nestaing s'arrêta près de la fontaine, au pied de la roche, où un peu de neige amoncelée n'était pas encore fondue malgré les pluies. Son arrivée effaroucha quelques mésanges qui becquetaient le salpêtre et la graine des buissons. La comtesse posa sa blanche main sur la mousse humide de la roche, tout en suivant de son doux regard attristé les flots bondissants de la source, et tout en songeant à ce nouveau venu du château de Liez, dont la bruyante arrivée avait ému tout le pays : elle savait déjà que c'était le marquis de La Châtaigneraye.

Un bruit du bois vint la distraire : c'était l'aboiement confus d'une meute poursuivant un chevreuil. Le son des cors se mêla aux aboiements; bientôt elle distingua des voix humaines. La chasse s'éloigna de la lisière du bois où elle était descendue.

— Tant mieux, dit madame de Nestaing, on ne me troublera pas.

Mais elle n'était pas quitte avec tout le monde : Jacques Lebeau vint la surprendre avec un bouquet à la main.

— Madame la comtesse me pardonnera ; mais, tant qu'il y aura une fleur sur notre terroir, j'irai la cueillir pour elle. J'ai battu toute la montagne pour ce petit bouquet de violettes. On brûle de l'encens à Dieu, on cueille des fleurs aux femmes.

A cet instant le bruit de la chasse revint au bord du bois.

— Savez-vous qui est-ce qui chasse, Jacques Lebeau ? Est-ce le comte de Liez ?

— Il faut bien que ce soit lui. Dans tout le pays, il n'y a que son piqueur qui sache ainsi sonner du cor. Nous autres braconniers, nous allons à la chasse sans tambour ni trompette.

9

Madame de Nestaing, qui promenait son regard sur la lisière du bois avec une curiosité inquiète, vit bientôt passer les chasseurs à travers les touffes dépouillées. Elle reconnut le comte de Liez et le chevalier de Franval.

— Les voilà qui viennent de ce côté. Aurais-je le temps de retourner au château sans rencontrer les chasseurs?

Elle trouva beaucoup plus simple de gagner une carrière abandonnée ouverte à quelques pas de la fontaine de *Julienne-la-Belle*.

— Si les chasseurs vous parlent, dit-elle au jardinier en s'éloignant, gardez-vous bien de leur dire que je suis là.

— *Fiat voluntas tua.*

Disant ces mots, Jacques Lebeau s'agenouilla devant la fontaine, non pour s'y désaltérer, mais pour y boire par habitude de boire. Il était encore agenouillé, quand cinquante chiens haletants et altérés vinrent se précipiter sur lui et autour de lui avec une bruyante ardeur. Jamais le pauvre jardinier ne s'était trouvé en si folle compagnie. Il fut arrosé des pieds à la tête. Les trois chasseurs, qui suivaient leurs chiens de près, éclatèrent de rire à ce spectacle.

— Le pauvre Jacques! s'écria le comte de

Liez, le voilà comme Daniel dans la fosse aux lions.

Jacques Lebeau essaya vainement de se relever pour voir plus à l'aise ; les chiens, en belle humeur, lui sautaient sur les épaules à tour de rôle.

— Ces diables de chiens me prennent pour une métamorphose d'Ovide. De grâce, monsieur le comte, sifflez votre meute.

M. de Liez n'eut garde de rappeler ses chiens ; il trouvait trop amusant de laisser Jacques Lebeau dans ce déluge à l'eau de roche.

— Ah ! mon Dieu, que c'est zoli ! que c'est zoli ! s'écriait le chevalier en applaudissant ; c'est peut-être la première fois que ce drôle prend un bain.

Les chiens semblaient s'être donné le mot pour faire damner le pauvre jardinier. Ils lui prodiguaient toute sorte de caresses : l'un lui léchait la barbe, l'autre lui imprimait ses pattes sur la houppelande, celui-ci jouait avec ses cheveux, celui-là, le prenant pour un marchepied, s'élançait de son dos sur le haut du rocher, *et vice versâ*.

Madame de Nestaing n'avait pas perdu la scène de vue ; malgré sa crainte d'être découverte par les chasseurs, elle se tenait à l'entrée de la carrière, à demi masquée par les ronces et les buissons. Elle ne put s'empêcher de rire au spectacle des infortunes de son jardinier. Mais ce qui, surtout, fixa son regard, ce fut le compagnon de chasse du comte et du chevalier.

Cet autre chasseur était descendu de cheval au bord du bois : il était dans l'équipage d'un prince du sang, son feutre était orné d'une plume d'aigle merveilleusement belle. Quoique très-simple, son costume de chasse avait un grand caractère. On voyait briller à ses pieds des éperons d'or d'un joli travail. Il s'avança le premier à la fontaine, le premier après les chiens, pour boire à son tour. Le jardinier venait de se relever.

— Ne vous dérangez pas, brave homme, lui dit le chasseur avec un léger sourire; buvez tout à votre aise.

— Eh! monseigneur, je n'ai que trop bu. Voyez donc, j'ai bu de la tête aux pieds. Que voulez-vous, les chiens n'y regardent pas de si près quand ils sont à un pareil festin. L'eau est comme le soleil, qui luit pour tout le monde, l'eau coule pour tout le monde. Buvez, monseigneur.

Le comte de Liez s'était approché.

— Il me semble, dit-il, que l'eau est encore un peu troublée. En attendant qu'elle redevienne claire, tenez, La Châtaigneraye, prenez cette gourde et buvez.

Madame de Nestaing tressaillit et recula d'un pas.

— Le marquis de La Châtaigneraye! murmura-t-elle en pâlissant.

Jacques Lebeau, enchanté de sa tirade, se rengorgeait comme un paon qui vient de faire la roue.

— Dites-nous, maître Jacques, reprit le comte de Liez, que se passe-t-il de neuf au château de Froidmont? Est-ce que madame de Nestaing se promène aujourd'hui? Est-ce que le curé de Froidmont est venu faire sa partie de trictrac avec madame de Grandclos?

— En vérité, monsieur le comte, je n'en sais rien; je ne vois jamais que ce qui se passe dans mon parterre. Et, par ce vent de bise, il n'y a pas, j'imagine, grand'chose de nouveau.

Madame de Nestaing remarqua à cet instant, pour la seconde fois, que le marquis de La Châtaigneraye regardait les fenêtres du château avec une vive curiosité.

— Est-ce qu'il oserait jamais paraître devant mes yeux? se demanda-t-elle? Pourquoi pas? reprit-elle aussitôt, puisqu'il ignore que M. de Riantz m'a aimée.

— Jacques Lebeau, dit le comte de Liez, vous avertirez vos nobles maîtresses que demain, dans l'après-midi, s'il ne fait pas plus mauvais temps, nous viendrons les visiter avec madame de Liez et ma sœur.

— C'est comme si c'était dit, monsieur le comte.

M. de Liez s'étant avancé de quelques pas vers la carrière, madame de Nestaing s'enfonça précipitamment dans l'obscurité des voûtes.

— Ce sentier conduit à la carrière, monsieur le comte. Mais il n'y a pas de gibier par là, j'imagine. A moins que vous ne fassiez la chasse aux fouines, aux chauves-souris et aux chats-huants.

Le marquis de la Châtaigneraye reprit la parole.

— Brave homme, demanda-t-il au jardinier en indiquant du doigt les fenêtres du château, est-ce là qu'habite madame la comtesse de Nestaing ?

Et se tournant vers le chevalier de Franval :

— Vous dites qu'elle est jolie, votre charmante voisine ?

— Elle est charmante, répondit le chevalier avec son accent de petite-maîtresse. Des yeux adorables; une bouche divine, Vénus en un mot.

— Ah ! messieurs, s'écria le jardinier avec enthousiasme, c'est la plus belle rose de mon parterre.

— Pourquoi, diable ! laissez-vous faner cette rose sans la cueillir ? dit, en se tournant vers le chevalier, La Châtaigneraye pour continuer la métaphore de Jacques Lebeau.

Madame de Nestaing eut un mouvement de colère en voyant avec quel sans-façon on venait de parler d'elle ; elle regretta que sa solitude ne fût pas plus inviolable.

A cet instant, le son du cor rappela les chasseurs au bois. Les piqueurs avaient entrevu un sanglier dans les broussailles. Les chiens, qui gambadaient et bondissaient autour de la fontaine, s'élancèrent vers cette nouvelle proie avec la rapidité d'une flèche ; les chasseurs disparurent bientôt sous les arbres.

Madame de Nestaing remonta à la fontaine ; elle était inquiète et agitée. Un pressentiment l'avertissait que la destinée lui préparait encore bien des larmes.

La figure de La Châtaigneraye, quoique à demi masquée par son feutre et quoique vue à distance, avait frappé la comtesse.

— C'est bien étrange, dit-elle en y réfléchissant, si j'avais un peu plus la mémoire des figures, je dirais que le marquis de La Châtaigneraye ressemble à M. de Riantz. Mais le marquis est moins jeune, sa physionomie est plus sévère, sa bouche ne sait pas si bien sourire. Et ce regard pénétrant qui m'allait au cœur.... Non, non, il ne ressemble pas à mon cher Riantz ; je ne sais pourquoi cette folle idée m'est venue. Hélas ! est-ce parce que M. de La Châtaigneraye a tué ce pauvre enfant ?

Madame de Nestaing pencha son front dans sa main, cherchant à ressaisir les traits effacés de son amant. Par une fatalité qui semblait bizarre et qui était bien naturelle, la figure de La Châtaigneraye, coiffé dn feutre à plume d'aigle, lui cachait la figure de celui qu'elle connaissait sous le nom de Riantz.

XXVI

Franjolé regrette d'avoir changé de fenêtre.

Cependant Franjolé avait continué paisiblement son genre de vie ; il habitait toujours la petite maison du marquis de La Châtaigneraye, jouant du violon, feuilletant des bouquins, se promenant par le parc tout à son aise et tout à son gré. Il ne sortait guère qu'à l'heure des repas ou pour entendre de la musique, tantôt à l'église, tantôt à l'Opéra, séduit par un motif de Campra ou par un air de Lully. C'était toujours le même esprit insouciant, fantasque, rêveur, original. Le marquis, au retour de la guerre, l'avait souvent visité pour se distraire des bruits du monde et pour prendre des leçons de philosophie. La Châtaigneraye l'aimait pour sa fierté et pour sa bizarrerie ; il n'avait jamais rencontré un homme si curieux à étudier ; vingt fois, en vain, il l'avait supplié de lui raconter son histoire, mais Franjolé s'était toujours contenté de lui dire ceci ou à peu près : « Je suis fils d'un paysan, je suis né en Auvergne ; mon premier état fut de garder les vaches dans la montagne ; tout en gardant les vaches, je me fis une flûte avec un roseau, voilà pourquoi je me fis, par hasard, aussi bon musicien que le vieux Pan. Après la musique vint l'amour, après l'amour vint la mort : tant vaut l'amour, tant vaut la mort. Rien de plus simple. Maintenant je oue du violon au lieu de m'en tenir à mon épitaphe. Voilà mon histoire. »

La Châtaigneraye n'avait garde d'ajouter foi à ce roman, mais il ne pouvait obtenir une meilleure version. Comme d'ailleurs il craignait de fâcher son ami Franjolé, il le laissait dire et vivre à sa guise.

Franjolé avait perdu de vue, sans trop de chagrin, la main blanche de la rue des Minimes. Il savait à quoi s'en tenir sur l'amour. Il était d'avis qu'une femme verse toujours un peu d'amertume dans la coupe. Depuis longtemps déjà il avait jeté au vent les illusions qui nous éblouissent ; il ne voulait rechercher désormais que la magie de la musique et de la nature, la distraction des livres et des rêveries.

Un matin il s'éveilla avec le souvenir de la main

blanche ; il se rappela, non pas sans un certain émoi, ces heures d'attente presque amoureuse qu'il passait autrefois à la fenêtre de sa pauvre chambre pour voir apparaître cette main charmeresse.

— Qu'est-elle devenue ? se demanda-t-il tout à coup. A-t-elle été conduite à l'autel ? cueille-t-elle des roses ou des asphodèles ? court-elle les montagnes ? puise-t-elle de l'eau à la fontaine rustique ? noue-t-elle une intrigue à la cour ? soutient-elle un enfant à son sein ?

Franjolé se leva et prit son violon sans y avoir pensé ; il joua un air qu'il n'avait pas joué depuis son départ de la rue des Minimes.

— C'est bien étonnant, reprit-il en levant la tête comme pour retrouver un souvenir perdu, c'est bien étonnant que ma paresse m'ait empêché de savoir le nom de ma voisine. Voyons, n'y pensons plus.

Il eut beau faire pour n'y plus penser, la main blanche flottait devant ses yeux avec toute sorte d'agaceries, au point qu'il laissa tomber son archet avant la fin de la mesure : c'était la première fois qu'une pareille distraction musicale lui arrivait. Il alla à la fenêtre, regarda le ciel et les arbres, revint dans sa chambre, prit un livre et le feuilleta sans penser le moins du monde à ce qu'il faisait.

— Le souvenir, dit-il, est une bonne fée dont la

baguette d'or ne réveille que les plus belles images du passé, ou plutôt c'est un miroir magique qui ne garde en amour que les jolis tableaux et les charmants portraits, ou plutôt encore c'est un peintre bien inspiré qui peint les femmes comme elles veulent être et non comme elles sont.

Franjolé croyait se délivrer du souvenir en l'analysant, comme il arrive de presque tous les sentiments humains ; mais ce fut en vain qu'il se parla à lui-même du souvenir pendant une demi-heure. Le souvenir tint bon, il lui fallut à la fin se soumettre à son charme ; il voyait sans cesse la fenêtre qui s'ouvrait à demi, la petite main qui jetait gracieusement l'aumône, la manche dentelée qui retombait sur la petite main, le mystère qui entourait la petite main, tout cela embelli par les séductions du souvenir.

Le pauvre Franjolé se promenait de long en large sans pouvoir rien faire.

— Un si beau soleil ! dit-il en soupirant ; comment rester à l'ombre comme je le fais ! Il n'y a que les escargots qui s'enferment ainsi dans leur maison.

Il chercha où il pourrait aller.

— A Saint-Roch ou à Notre-Dame ; on y doit faire de la musique. D'ailleurs, a-t-on besoin d'aller quelque part ? pourvu qu'on aille, c'est tout ce qu'il faut.

C'était la première fois que Franjolé se demandait avant de sortir où il irait. Il ne voulait pas s'avouer qu'il était saisi par le désir de revoir l'hôtel de la rue des Minimes. Cependant, à peine sorti, il se dirigea de ce côté ; mais, en homme de mauvaise foi avec lui-même, il se dit tout haut qu'il se promenait sans but.

Il s'arrêta devant la boutique du menuisier.

— Eh bien, lui demanda cet homme en vidant son rabot ; cherchez-vous un nouveau gîte, monsieur Franjolé ? Restez-vous parmi les vivants ou retournez-vous avec les morts ?

— Tant que je pourrai jouer du violon, je serai des vôtres, répondit le musicien. Gardez-moi ma chambre, car c'est là que je veux remourir. Mais vous allez m'apprendre si cet hôtel est toujours habité par notre belle et mystérieuse voisine.

— Belle demande ! D'où venez-vous donc ! Il y a plus de trois ans que l'hôtel est désert. Voyez plutôt comme tout est fermé.

— Que sont donc devenues les habitantes ?

— Elles sont parties pour la province. Connaissez-vous le château de Froidmont ?

Franjolé chercha dans sa mémoire. Il se rappela vaguement avoir entendu parler de ce château.

— Après cela, dit-il se parlant à lui-même, il y a plus d'un château de Froidmont.

— Celui-là, dit le menuisier, est en Picardie, du côté de Coucy. Qu'avez-vous donc oublié de dire à nos voisines ?

— Tout ou rien, répondit Franjojé en s'éloignant.

Quelques jours se passèrent sans que Franjolé pût recouvrer son insouciance accoutumée. Le château de Froidmont l'attirait et l'éblouissait : c'était la lumière qui appelle le voyageur nocturne. Il eut beau se dire mille fois que c'était une folie à nulle autre pareille que de poursuivre ce rêve oublié, de renouer cette chaîne brisée, de chercher le parfum perdu de cette fleur mystérieuse : il demeura sous le charme sans pouvoir le secouer. Après bien des luttes, après bien des obstacles qu'il créait lui-même, il se mit un jour en route, le bâton à la main comme un pèlerin solitaire, pour le château de Froidmont. Qu'allait-il y faire, lui qui avait renoncé au monde, à Satan, à ses pompes et à ses œuvres ? lui qui ne croyait plus qu'à son violon ? L'amour avait détruit d'un coup d'aile tout l'échafaudage de la philosophie. « Ce n'est pas l'amour qui m'entraîne, se disait-il pour consoler sa sagesse, c'est la curiosité. Je veux voir si la figure est digne de la main. »

XXVII

Tableaux de genre.

Un jour, vers deux heures, un bruit de carrosse retentit dans tout le château de Froidmont. Madame de Nestaing, s'étant mise à la fenêtre, vit courir le laquais vers le portail à l'appel de M. de Liez.

La lourde porte cria sur ses gonds rouillés. A peine ouverte, un cavalier, le comte de Liez, passa rapide comme le vent sur un jeune cheval. Il fut suivi d'un carrosse, moucheté de boue jusque sur les armoiries.

Un autre cavalier, monté sur un cheval bai-brun, caracolait, léger comme un nuage, derrière le carrosse. La comtesse reconnut le marquis de La Châtaigneraye avant même de l'avoir vu. Il rejoignit l'autre cavalier ; tous deux mirent pied à terre devant le perron, et, pendant que le comte de Liez montait l'escalier pour annoncer son monde aux dames de Froidmont, le marquis alla droit à la portière du carrosse, l'ouvrit et prit la main des dames de Liez pour la descente, au grand dépit du chevalier de Franval, qui avait perdu trop de temps à rajuster les rosettes de ses souliers.

Madame de Grandclos vint au-devant des visiteurs. Madame de Nestaing demeura à la porte du salon, parlant exprès au comte de Liez sans savoir ce qu'elle disait.

La Châtaigneraye arriva bientôt devant elle, conduisant par la main mademoiselle de Liez.

La comtesse, émue et troublée, se jeta dans les bras de mademoiselle de Liez avec plus d'effusion que de coutume, au point que tout le monde en fut surpris.

Le marquis salua madame de Nestaing, qui s'inclina à son tour sans avoir levé le regard. On entra dans le grand salon, on fit cercle autour d'une cheminée digne des patriarches ; on commença à parler de la pluie et du beau temps.

— Vous me trouvez bien ennuyeuse, dit madame de Grandclos, de vous parler toujours du soleil et du brouillard, du givre et de la rosée. Que voulez-vous ? ce sont là les décorations de notre théâtre.

— Un théâtre qui en vaut bien un autre, dit le comte de Liez. A propos, que joue-t-on à l'Opéra ?

Le chevalier de Franval prit la parole, si c'est prendre la parole que de parler ainsi :

— Ze n'y ai vu zouer depuis longtemps que des zambes.

— Mademoiselle La Montagne fait tourner toutes les têtes, dit le marquis de La Châtaigneraye.

— Hormis la vôtre, j'imagine, dit la comtesse de Liez en minaudant.

— Ma tête n'a jamais tourné de ce côté-là.

— Nous savons à quoi nous en tenir sur ce chapitre, dit le comte de Liez. Mais, ce que nous n'ignorons pas, c'est que vous êtes le plus franc chasseur du terroir: trois chevreuils et quatre loups du même jour, peste! quel exterminateur vous faites! On dirait l'ange maudit qui promène son glaive sur la création.

— Ce que j'aime, c'est moins la chasse que les épisodes de la chasse, reprit La Châtaigneraye. Ces dames de Froidmont (le marquis s'inclina vers madame de Nestaing et sa mère) connaissent sans doute le sauvage du bois des Grands-Genêts?

— Le chasseur de blaireaux? dit madame de Grandclos.

— Oui, madame, c'est bien lui. Hier, à la chasse, j'ai fait sa connaissance d'une façon très-singulière. Figurez-vous qu'au détour d'une allée, comme mon cheval avait ralenti sa course, j'entrevois une espèce d'Hercule, fièrement taillé, vêtu comme il plaît à Dieu, qui s'en allait à la rencontre d'un secours avec la plus belle gravité du monde. « Monseigneur, me dit-il après avoir pris le temps de me saluer, ne serait-ce pas trop vous importuner que de vous demander la grâce d'être délivré par vos nobles mains de la rage de ce blaireau ? » Là-dessus, il se tourna lentement pour me faire voir un magnifique blaireau jeté en bandoulière sur son épaule. « Vous voyez, monseigneur, reprit-il sans s'émouvoir, ce diable de blaireau me déchire les reins à belles dents. J'ai pensé à m'en délivrer ; mais il aurait pu m'échapper, et on ne prend pas tous les jours un blaireau ! Je croyais bien l'avoir exterminé ; mais j'ai eu peur de déchirer sa peau ; or, sa peau est plus chère que la mienne. Voilà pourquoi Saint-Jean, mon chien, n'ose y toucher. » Je compris toute l'étendue du service que j'allais lui rendre. Il fallait le délivrer, en respectant la peau de son ennemi. Ce ne fut pas sans peine que je fis lâcher prise à l'animal furieux. Le chasseur, qui l'avait toujours tenu par les pattes de derrière, me remercia tout pénétré de reconnaissance ; après quoi, il tua son blaireau avec une douceur et une patience admirables. Quoiqu'il eût plus d'une marque sanglante de la rage de cet animal, il ne montra contre lui aucun ressentiment.

Madame de Nestaing écoutait parler le marquis sans entendre ce qu'il disait, tant elle était alors loin d'elle-même.

— Quoique très-surprenante, dit madame de Grandclos, votre histoire n'a rien qui m'étonne, moi qui suis habituée aux hauts faits de Guillaume Trompe-la-Mort. Vous savez que c'est le nom qu'on lui a donné. Cet homme n'a peur de rien, ni de Dieu ni du diable : c'est un impie superbe qui défie le ciel et la terre, malgré les exhortations de Jacques Lebeau, notre jardinier. Il vit dans les bois, sous une hutte couverte de joncs et de roseaux, n'ayant pour amis que deux chiens aussi résolus que lui, et qui ont perdu leurs oreilles dans les sanglants combats contre les blaireaux.

— Plus d'une fois, dit le comte de Liez, je l'ai rencontré en revenant la nuit d'une promenade chez mes voisins ou chez mes fermiers. Il était armé d'une lanterne et d'une fourche, car c'est un chasseur qui n'use guère de poudre. Ses chiens rôdaient autour de lui. Il avançait gravement, en homme qui ne craint rien. Il lui arrive d'aller attendre le blaireau à dix ou quinze lieues de sa hutte.

— Moi, ce que j'aime en lui, dit madame de Liez, c'est qu'il n'est ni humble, ni curieux, ni bavard, comme le sont presque tous les paysans.

— Le croiriez-vous ? poursuivit le comte, ce sauvage, qui n'est ni de son siècle ni de son pays, est adoré des filles de Liez et de Froidmont.

— Les femmes, murmura le chevalier, n'adorent-elles pas touzours les extravagants ?

— L'amour est le dieu des contrastes, dit La Châtaigneraye. Il n'est pas étonnant que les femmes, qui sont des modèles de délicatesse et de douceur, se prennent d'une belle passion pour un homme rude et sauvage. La grâce aime la force.

La Châtaigneraye, qui jusque-là avait parlé d'une voix sévère, reprit, sans y penser, sa voix gracieusement sonore pour dire ces derniers mots.

Madame de Nestaing, émue et troublée par divers sentiments qui se combattaient dans son cœur, pâlit et chancela au son de cette voix rajeunie. Dans son trouble, elle leva le regard sur La Châtaigneraye ; il souriait encore, les yeux tournés vers madame de Liez ; la comtesse crut voir Riantz comme dans une apparition : son émotion fut si violente, qu'elle se laissa tomber évanouie sur le bord de son fauteuil. Mademoiselle de Liez, qui était près d'elle, s'élança pour la secourir.

— O mon Dieu ! s'écria-t-elle en la voyant si pâle.

Tout le monde se leva avec agitation.

— Qu'y a-t-il ? demanda madame de Grandclos dans son effroi.

La comtesse de Liez s'approcha de madame de Nestaing, un flacon à la main.

En respirant les sels, la comtesse tressaillit et ouvrit les yeux; du premier coup d'œil, elle entrevit La Châtaigneraye, qui était debout à la cheminée, avec le calme d'un étranger. Elle comprit qu'il fallait donner une raison à son évanouissement.

— Ouvrez la fenêtre, dit-elle d'une voix affaiblie, traînez-moi loin du feu, qui me fait mal.

La Châtaigneraye prit lestement le fauteuil et l'emporta devant une fenêtre que le comte de Liez venait d'ouvrir.

On peut à peine indiquer à vol d'oiseau les diverses émotions qui agitaient le marquis et la comtesse.

La Châtaigneraye était venu à Froidmont en proie à deux desseins contraires. Devait-il reparaître aux yeux de madame de Nestaing tel qu'il était autrefois quand il s'appelait Riantz ? devait-il, secondé par le temps, qui change tout, n'être pour la comtesse que le marquis de La Châtaigneraye ? Dans les deux hypothèses, il s'attendait bien qu'il allait lui porter un coup violent ? amant ressuscité ou meurtrier de cet amant ! plus de mille fois il avait demandé conseil à son esprit et à son cœur. Le cœur conseillait d'aller se jeter aux pieds de l'amante abandonnée, de lui demander grâce avec des larmes dans les yeux, de lui baiser tendrement les mains. L'esprit n'était pas du même avis, il conseillait de feindre. Le marquis avait longtemps flotté entre ces deux conseils. Depuis quelques jours qu'il était à Liez, il pâlissait d'inquiétude, il dormait à peine, il avait d'étranges distractions ; enfin, sur la route de Liez à Froidmont, tout en caracolant par galanterie aux portières du carrosse, il avait la résolution des gens irrésolus, c'est-à-dire qu'il se laissait aller au cours naturel des choses. Il arriva donc au château sans prendre aucun parti. Il s'attendait à quelque coup de théâtre ; mais, comme toutes les natures ardentes, le danger l'éblouissait et le fascinait. En voyant madame de Nestaing à la porte du salon, il avait ressenti un violent battement de cœur ; il avait craint de ne point feindre ; il aimait encore la comtesse avec un souvenir trop tendre pour jouer l'indifférence. Cependant, à peine entré dans le salon, un vague instinct l'avait averti que madame de Nestaing ne l'avait pas reconnu. « En effet, pensait-il, pourquoi ne m'aurait-elle pas oublié ? Trois années, c'est trois siècles, dans ce temps où les passions changent comme les modes. » La conversation s'était engagée ; il s'était remis à l'aise, il avait maîtrisé son émotion. Le dessein de n'être pour la comtesse que le marquis de La Châtaigneraye l'avait ressaisi et dominé ; c'en était fait de Riantz,

Riantz était bien mort, Riantz ne devait plus reparaître.

Depuis que madame de Nestaing avait entrevu La Châtaigneraye à la fontaine de *Julienne-la-Belle*, de tristes souvenirs étaient venus tourmenter son cœur. « Quoi ! se disait-elle avec indignation, je verrai le meurtrier de Riantz sans pouvoir me plaindre ! » Son amour s'était ranimé avec une ardeur nouvelle ; elle avait évoqué tous les souvenirs du beau temps de cet amour : l'allée de charmille où Riantz avait osé lui baiser la main ; cette fenêtre où son audace l'avait amené une belle nuit d'été ; cette chambre où il avait imploré son pardon avec tant d'amour. Elle évoquait aussi sa noble et charmante figure ; et toujours les traits de Riantz se confondaient sous les yeux de cette amante éplorée avec ceux de La Châtaigneraye. Mais, comme elle n'avait qu'une mémoire trompeuse, elle était loin d'en croire ses souvenirs ; elle avait fini par s'imaginer que Riantz et La Châtaigneraye se ressemblaient par la même grâce, le même air noble et fier, le même charme de regard. En voyant arriver le marquis au château, elle ne l'avait regardé qu'avec des yeux troublés ; à son passage devant elle à la porte du salon, elle avait ressenti un coup terrible ; mais ne devait-elle pas ressentir un pareil coup devant le meurtrier de son amant ? Dans le salon, pendant les premiers mots de la conversation, elle l'avait regardé à la dérobée ; et alors, soit qu'elle fût aveuglée par un sentiment de haine, de vengeance et d'indignation ; soit que le marquis eût vieilli visiblement, que son costume de chasse, son air devenu sévère et sa blessure au front, l'eussent changé au point de le rendre méconnaissable à la plupart de ceux qui ne l'avaient pas vu depuis trois ans, la comtesse perdit toute idée de ressemblance avec son amant. Elle avait repris un peu de sérénité et s'était mise à causer avec mademoiselle de Liez. L'orage devait éclater. La Châtaigneraye avait un peu altéré sa voix par une note plus grave, mais, quand il vint à parler d'amour, il s'oublia ; il reprit son accent passionné, et madame de Nestaing, entendant une voix qui était un pénétrant écho de celle de Riantz, trembla et s'évanouit. En revenant à elle, la pauvre femme crut qu'elle s'était trompée. « Si c'était lui, est-ce qu'il serait ainsi calme, froid et distrait ? D'ailleurs, pourquoi serait-ce lui ? »

La conversation ne se ranima guère ; elle traîna languissamment sur les détails de la campagne. Madame de Liez fit bientôt observer à son mari que la nuit venait à quatre heures et que les chemins étaient mauvais. On se sépara. La Châtaigneraye, quoique incertain encore sur les sentiments de madame de Nestaing, la salua avec une dignité presque glaciale.

XXVIII

Le festin de Trompe-la-Mort.

A quelques jours de là, Jacques Lebeau alla demander un piège à son ami Trompe-la-Mort. Il trouva le chasseur gravement accroupi devant l'âtre de sa hutte, faisant cuire sur la braise une cuisse de blaireau.

— Toujours dans le péché ! s'écria le jardinier avec onction, tout en levant les yeux au ciel. Tu n'as donc pas songé que c'est aujourd'hui vigile et jeûne ?

— Te voilà encore avec tes sermons, chanteur de litanies ! Je mange quand j'ai faim et je jeûne quand je n'ai rien à manger. Dans ce cas, je suis tout aussi bon chrétien qu'un autre.

— *In gemitu meo*, tu mourras comme un chien ; on te refusera la porte du cimetière.

— Le cimetière est partout.

— Insensé ! Le prophète du Seigneur a dit que

la trompette du jugement ne réveillerait que ceux qui s'endorment en terre sainte.

— Allons, je vois où tu veux en venir.

Là-dessus, le chasseur de blaireaux se leva, prit une cruche dans un coin de la hutte et la présenta à son ami Jacques Lebeau sans autre cérémonie. Il avait deviné juste. Tout dévot qu'il fût, le vieux jardinier se montra sensible à cette ancienne marque d'amitié. Il but avec beaucoup de plaisir et sans perdre haleine trois ou quatre gorgées de piquette.

— *In vino veritas,* poursuivit-il sans perdre de vue sa manie de convertir tout le monde ; tu ne m'empêcheras pas de t'avertir à temps du danger que court ton âme. Prenez-y garde, ceux qui vivent avec le démon...

— Va-t'en au diable ! Reprends la cruche, et que tout soit dit.

Le vieux jardinier, alléché par l'odeur pénétrante de la piquette, ressaisit la cruche sans se faire prier.

— Il n'est jamais trop tôt pour faire pénitence ; la mort est toujours en chemin : lis plutôt l'Évangile. Mais est-ce que tu sais lire, toi ?

— Non, je ne sais pas lire, et j'en suis bien aise. C'est bon pour les imbéciles, qui n'ont rien dans la tête. Mon fusil vaut mieux que tous les livres du monde. Veux-tu déjeuner avec moi ?

— Que me proposes-tu là ? Quoi ! j'irais, pour un peu de blaireau rôti, perdre ma part de gâteau en paradis ?

— Voyons, tu te repentiras tout à l'heure ; mais auparavant, mets-toi à table.

Se mettre à table dans la hutte, c'était s'asseoir, sur un escabeau devant la cruche et le gril, comme venait de le faire Trompe-la-Mort.

Le jardinier regarda complaisamment le morceau de blaireau qui fumait sur le gril. Il voulut être du festin ; il prit sa place à la table, comme par distraction. Après quelques coups de dents assez vigoureux, le chasseur demanda à Jacques Lebeau ce qu'il venait faire si matin dans sa hutte.

— Chercher un piège. Le renard est venu. Voilà de la pâture pour tes chiens. A propos, où sont-ils donc ?

Trompe-la-Mort indiqua du doigt un coin dans l'ombre.

Le jardinier vit briller les yeux des deux chiens, qui attendaient leur pâture avec une patience digne d'éloges.

— Marmotte ! Saint-Jean ! avez-vous faim ?

Les deux chiens s'approchèrent gravement pour ramasser les miettes de la table. Il leur servit des os, du pain noir et une jatte d'eau. Les chiens se conduisirent en animaux bien élevés : ils déjeunèrent sans jalousie ; après quoi, leur maître ayant répété : Marmotte ! Saint-Jean ! avez-vous faim ? ils se retirèrent en bon ordre dans leur niche.

— Jacques Lebeau, tu vas venir avec moi, dit Trompe-la-Mort en se levant ; mon piège est dressé sous le grand orme.

— O mon Dieu ! dit tout à coup le jardinier un peu étourdi par la piquette. Avais-je donc perdu la tête pour manger du blaireau un vendredi ? il est vrai que c'est un animal sauvage. *Benedicite...*

— En effet, n'oublie pas de dire tes patenôtres.

Les deux amis sortirent de la hutte pour aller prendre le piège.

XXIX

Que la hutte de Trompe-la-Mort devint la hutte Trompe-l'Amour.

Ce jour-là, madame de Nestaing, trop agitée pour demeurer au logis, sortit pour se promener. La vue du givre, qui suspendait à tous les rameaux des arbres un feuillage d'argent, l'attira dans le bois des Grands-Genêts.

Quoique le vent fût aigu, comme elle avait un voile et une grande pelisse, elle arriva jusque dans le bois sans se plaindre du froid. Entraînée par la rêverie, elle suivit, sans y penser, la première allée venue, s'arrêtant çà et là pour admirer les girandoles de givre suspendues sur son front comme des couronnes de diamants.

Le ciel était, depuis le matin, capricieux et changeant ; un léger vent du nord chassait et dispersait le brouillard ; mais à peine le soleil montrait-il sa face pâlie, que le brouillard revenait de plus belle, se répandant sur la montagne comme une épaisse fumée.

Surprise par un nuage de brouillard à l'instant même où elle cherchait à retourner sur ses pas, madame de Nestaing, craignant de s'égarer, prit le parti de suivre l'allée où elle se promenait depuis une demi-heure, à peu près sûre de rencontrer bientôt la retraite d'un vieil ermite qui venait mendier au château et entretenir le feu sacré dans l'âme du jardinier. Comme elle pensait à se reposer à l'ermitage, elle entrevit, à travers les broussailles engivrées, la hutte du chasseur de blaireaux. Quoique Trompe-la-Mort ne passât pas pour un bon chrétien, la comtesse alla droit à la hutte pour lui demander un quart d'heure d'hospitalité, sans mettre en doute sa loyale protection. Elle détourna quelques rameaux rebelles qui secouaient des perles sur son voile ou qui retenaient sa pelisse. En moins de quelques secondes, elle arriva au seuil de la hutte. Sur le point d'entrer, elle ressentit une légère frayeur.

Elle entra pourtant. A peine eut-elle fait deux pas dans la hutte, que Saint-Jean et Marmotte s'élancèrent de leur niche avec des hurlements féroces.

Elle leva la main avec terreur : Saint-Jean reconnut cette main blanche, qui plus d'une fois lui avait rompu du pain au château ; il tourna sa colère contre Marmotte, qui, n'ayant pas de pareils souvenirs, voulait s'élancer sur madame de Nestaing. D'un seul coup de dent, Saint-Jean, qui commandait en maître, réduisit Marmotte au silence. Pendant que la chienne étonnée retournait à la niche, la queue dans les jambes, sans oser exprimer, par le moindre grognement, ce que son seigneur et maître commandait d'un ton trop absolu, Saint-Jean léchait humblement les pieds de la comtesse. Quand elle l'eut un peu flatté de la main, elle s'approcha du feu, qui n'était pas encore éteint. Une racine de hêtre jetait çà et là une flamme légère. Madame de Nestaing ne dédaigna pas de s'asseoir sur l'escabeau du chasseur ; Saint-Jean se coucha à ses pieds d'un air de chien protecteur. Pour lui prouver qu'il la défendrait, il se tournait de temps en temps vers Marmotte et lui montrait ses dents éloquentes. Marmotte, qui voulait la paix à tout prix, comme les chiens timides, vint en rampant prendre place au foyer. Saint-Jean allait encore la chasser à coups de dents ; mais la comtesse, qui était bon juge en cette guerre, tendit doucement la main vers Marmotte, comme pour la protéger. Cette fois, la pauvre chienne craignit la jalousie de Saint-Jean ; elle se roula sur les cendres avec de tendres plaintes ; mais Saint-Jean se soumit au désir de paix et de pardon de madame de Nestaing ; il alla même jusqu'à accueillir une caresse de Marmotte.

La comtesse regarda avec une vraie curiosité l'intérieur de la hutte ; ce n'était pas la première fois qu'elle y venait : un jour d'été, accompagnée de sa mère, elle y avait même accepté des fruits des mains rudes de Trompe-la-Mort ; mais c'était la première fois qu'elle s'y trouvait seule. Elle remarqua d'abord une douzaine de peaux d'animaux sauvages appendues, en guise de rideaux, au lit du chasseur. Ce lit était formé de roseaux et d'herbes ; il avait pour courte-pointe une peau de louve de la plus grande beauté. Entre le lit et la cheminée, une planche supportait deux pains noirs à croûte bariolée, qui tempéraient, par leur parfum hospitalier, l'odeur sauvage de la hutte. Sous la planche était la cruche, tantôt pleine de vin, tantôt pleine d'eau, selon les bonnes rencontres. Sur la cheminée était accroché le fusil du chasseur, toujours prêt à faire feu, un fusil que Trompe-la-Mort avait pris sans façon à un déserteur ivrogne et lâche. De l'autre côté de la cheminée étaient suspendus un coutelas et un petit poignard servant à dépouiller les blaireaux. Un peu plus loin commençait le domaine des chiens : un lit de roseaux et d'herbes, comme le lit du chasseur ; une jatte d'eau et une chaîne qui ne servait presque jamais.

Madame de Nestaing en était là de sa revue quand un bruit de pas sur la terre gelée se fit entendre à la porte de la hutte. Elle pensa que c'était Trompe-la-Mort ; mais, voyant les deux chiens s'élancer en fronçant le nez au-devant du nouveau venu, elle craignit de voir entrer un autre personnage. Elle se leva et suivit les chiens à la porte.

Elle ne fut pas peu surprise de voir La Châtaigneraye aux prises avec Saint-Jean.

XXX

Quand on ne sait pas son chemin.

Malgré son trouble et son émotion, la comtesse intervint, sachant bien que l'animal n'était pas facile à apprivoiser. Elle posa sa main sur la tête du chien, tout en lui parlant avec douceur : « Allons, Saint-Jean, ne soyez pas si féroce. »

Le chien, flatté d'être supplié par une si jolie main et une si jolie bouche, regarda la comtesse avec l'air craintif d'un écolier qui ne sait s'il a tort ou s'il a raison.

Marmotte, qui se souvenait encore de la leçon donnée par Saint-Jean il n'y avait pas un quart d'heure, suivait ou imitait tous les mouvements du chien avec une tendre servilité.

De son côté, le marquis fut très-étonné de voir madame de Nestaing venir si singulièrement à son secours.

— En vérité, madame, dit-il en s'inclinant, je suis ravi de la rencontre.

Pour cacher son trouble, la comtesse prit le parti de sourire.

— Je le crois, monsieur, répondit-elle, car, sans

mon intercession, vous couriez grand risque d'être maltraité par les chiens du chasseur de blaireaux.

A cet instant, Saint-Jean sauta familièrement pour lécher La Châtaigneraye, qui le repoussa d'abord, mais qui, voyant sa franche gaieté, se laissa faire, en chasseur habitué à ces braves caresses.

— Qu'a-t-il donc ? le voilà qui m'aime à la fureur !

Saint-Jean bondissait, criait, gémissait ; il léchait le marquis de la tête aux pieds. La pauvre Marmotte regardait Saint-Jean avec une surprise très-expressive ; elle semblait lui demander la raison de toutes ses inconséquences ; elle ne comprenait plus. Tout en paraissant craindre qu'il eût perdu la tête, elle n'osait le contrarier dans ses folies. Elle se faisait aussi petite et aussi soumise que possible. Prête à tout, elle aiguisait ses dents pour mordre et montrait sa langue pour caresser, selon les désirs du maître.

— Je commence à comprendre, reprit La Châtaigneraye : ce chien me reconnaît ; il accompagnait son maître, il y a huit jours, quand j'ai délivré Trompe-la-Mort de la fureur du blaireau ; il me caresse par reconnaissance.

— Pourquoi, demanda la comtesse, ne délivrait-il pas lui-même son maître ? il me semble qu'il aurait pu forcer le blaireau à lâcher prise.

— Je croyais vous avoir dit que Trompe-la-Mort

retenait son chien, dans la crainte qu'il n'abîmât la peau de l'animal.

— Où est-il donc?

— Mais, madame, je vous en supplie, rentrez dans la hutte, la bise est trop froide à la porte.

Madame de Nestaing rentra, sans trop savoir que répondre.

Le marquis la suivit sans façon.

— Je suis, monsieur, très-empêchée de faire les honneurs de céans : il n'y a qu'un escabeau, car je ne puis compter ce pied d'arbre enterré dans les cendres.

— Madame, de grâce, asseyez-vous sur l'escabeau.

La comtesse reprit son siége. Le marquis se tint debout à la cheminée. Comme le jour ne venait que par la porte, sa figure était cachée dans l'ombre. D'ailleurs, on le sait, madame de Nestaing avait perdu toute idée de ressemblance.

— Figurez-vous, madame, dit le marquis, figurez-vous que je me suis égaré dans le brouillard. J'étais sorti du château avec trois ou quatre chiens; les chiens chassent sans moi; j'ai eu beau les siffler, ils m'ont laissé seul pour suivre je ne sais quoi. Je suis venu à cette hutte pour demander mon chemin.

— A la chasse près, c'est la même histoire; mais au moins, moi, je suis à quelques pas de Froidmont.

— Je serai fier, madame, d'obtenir la grâce de vous reconduire sur vos terres ou jusqu'au seuil de votre château.

— Avant tout, il faudrait savoir si vous connaissez les chemins.

— Je ne suis allé qu'une seule fois au château de Froidmont ; mais j'ai imité le petit Poucet, qui semait des miettes de pain pour reconnaître sa route : moi, madame, j'ai semé de doux souvenirs au pied de chaque arbre, aux branches de chaque buisson.

— Prenez garde, les oiseaux ont mangé les miettes de pain : je ne me fie pas à vos souvenirs ; j'aime mieux attendre Trompe-la-Mort : je crois même que notre jardinier doit venir aujourd'hui en cette hutte.

— Que votre volonté soit faite, madame. Savez-vous que j'admire au plus haut point votre vie solitaire ? Si jeune et si belle ! si loin du monde, où vous seriez idolâtrée comme une reine ! Il est vrai que la violette des montagnes n'est pas moins parfumée...

La Châtaigneraye coupait ses phrases par des silences de trois ou quatre secondes, pour avoir le temps de penser à ce qu'il disait. Jusque-là, cela ne lui était pas arrivé.

Madame de Nestaing ne répondait que par

monosyllabes ; elle songeait à Riantz, à La Châtaigneraye, au duel ; elle songeait aux scandaleuses conquêtes du marquis ; elle se demandait comment elle pouvait supporter sa vue ; mais le démon du mal, qui a toujours raison, lui disait tout bas que La Châtaigneraye était plein de charme, d'esprit et de bravoure ; que toutes les femmes de France et de Navarre faisaient son apologie, tandis que tous les hommes parlaient mal de lui : deux jugements très-favorables dans tous les pays et dans tous les temps. Il avait tué Riantz en duel, on ne savait pourquoi ; mais Riantz avait peut-être les torts. A un certain moment, madame de Nestaing rougit en sentant qu'elle trouvait un plaisir secret à défendre le marquis. Elle demanda pardon à l'ombre de Riantz de ce coupable plaidoyer.

XXXI.

Les roses sur la neige.

Cependant la conversation dévidait toujours son écheveau de soie.

— J'espère, madame, que votre exil ne sera pas éternel à Froidmont ?

— J'y suis venue pour mourir ; le ciel n'est-il pas plus beau ici qu'ailleurs ?

— Paris est le paradis des femmes.

— Paris est le paradis des coquettes, mais Paris est l'enfer du cœur. Que m'importent l'éclat et le bruit, à moi qui n'aime que le silence et l'ombre ?

— Il n'y a que les morts qui aime le silence et l'ombre ; or, à vous voir et à vous entendre, on juge que vous êtes la plus vivante de toutes les créatures d'ici-bas par la beauté, l'esprit et les grâces.

— Vous vous trompez, ou plutôt vous voulez me tromper, car j'achève de mourir à Froidmont. Quand le cerf est atteint mortellement, il se cache en pleurant au fond du bois : je suis comme le cerf blessé à mort.

— Je comprends, c'est votre cœur qui est atteint ; mais le cœur n'est jamais atteint mortellement : un beau jour de printemps, il reverdit et refleurit sans qu'on s'en doute

— Je me suis exilée dans le désert ; or, dans le sable du désert, voit-on jamais poindre une touffe d'herbe ?

Disant ces mots, madame de Nestaing se leva et alla droit à la porte de la hutte. Elle vit sur le sentier Trompe-la-Mort, qui revenait de pair à compagnon avec un vieux loup.

— N'ayez pas peur ! cria le chasseur de sa voix rude ; c'est un loup qui n'a plus ni dents ni griffes. Holà, Saint-Jean, tenez-vous coi, cela ne vous regarde pas !

Saint-Jean rentra dans la hutte, comme pour cacher sa colère.

La Châtaigneraye s'était soudainement posé en protecteur devant madame de Nestaing. Trompe-la-Mort avançait toujours, parlant au loup, qui voulait s'enfuir.

— Allons, pas tant de simagrées ; viens boire et manger à la hutte. Que diable ! il faut avoir pitié des vieux. Figurez-vous que ce pauvre loup abandonné serait déjà mort, si je ne l'avais défendu des chiens du château de Liez. Quatre contre un ! J'aime la justice. Ce loup a fait du mal dans son temps, mais nous sommes devenus des amis ; il m'a défendu une nuit contre ses enfants, quand je n'étais pas encore le roi de la forêt. A chacun selon ses œuvres.

Trompe-la-Mort avait pris le loup par l'oreille pour l'entraîner à la hutte.

— Ne craignez rien, ce loup est un agneau. Voyez plutôt, moi, j'en suis touché ! Pauvre vieux soldat désarmé ! Un bienfait n'est jamais perdu : je le défendrai jusqu'à son dernier jour.

La Châtaigneraye et madame de Nestaing suivaient des yeux, en silence, cette scène d'hospitalité ; ils se regardaient, le marquis avec un léger sourire, la comtesse avec un certain air d'effroi, comme pour se confier ce qu'ils pensaient.

Trompe-la-Mort appela Saint-Jean, qui obéit en esclave.

— Saint-Jean, je vous ordonne de m'apporter du pain.

Saint-Jean rentra dans la hutte avec un air d'intelligence. Le pauvre loup ne savait quelle figure faire ; il regardait en-dessous le marquis et la comtesse ; il regardait Trompe-la-Mort d'un œil moitié reconnaissant, moitié craintif.

Saint-Jean revint à l'instant avec un beau morceau de pain à la gueule. Sur un signe du maître, il le déposa devant le vieux loup, qui n'osa y mordre. Trompe-la-Mort ramassa le pain, le rompit et en offrit une bouchée à l'animal défaillant. Cette fois, le loup dévora le pain d'un coup de ses longues dents. Trompe-la-Mort se tourna vers madame de Nestaing.

— A présent que j'ai fait mon devoir envers une bête qui n'avait pas le temps d'attendre, me voilà prêt à vous servir. Votre grand niais de jardinier est venu tout à l'heure me parler latin pour avoir un piège à fouine...

— Dieu merci ! je ne vous parlerai pas latin ; je ne viens pas vous demander un piège, au contraire... je suis prise au piège... c'est-à-dire égarée dans le brouillard, ajouta la comtesse ; je vous saurai gré de m'indiquer mon chemin.

— Droit au vent, madame.

— Mais, observa La Châtaigneraye, le vent est un mauvais guide : s'il vient par rafales ? s'il est détourné par les arbres ?

— Allez droit devant vous, reprit le chasseur de blaireaux en homme qui ne se trompe jamais. Si vous craignez de vous égarer encore, je vais vous donner un autre guide : Saint-Jean est digne de vous conduire ; je n'ai qu'à lui crier *Froidmont !* pour qu'il en prenne le chemin.

La comtesse ne put s'empêcher de sourire en songeant à ce dernier guide.

— J'ai donc à choisir entre quatre, pensa-t-elle : le marquis de La Châtaigneraye, Trompe-la-Mort, Saint-Jean et le vent du nord. Lequel est le plus sûr ? Trompe-la-Mort me glacerait d'effroi, le marquis ne me ferait pas moins peur, Saint-Jean m'entraînerait dans des détours sans nombre, le vent n'est pas infaillible. Il faut que je prenne ces quatre guides ou que je n'en prenne aucun.

— La même idée avait saisi La Châtaigneraye.

— Madame, dit-il en se rapprochant de la comtesse, accordez-nous à tous la grâce de vous conduire jusqu'à la lisière du bois.

— J'en dispense le vieux loup, répondit madame de Nestaing, qui n'était pas fâchée de la prière du marquis.

A peine eut-elle parlé, que Trompe-la-Mort alla décrocher son fusil.

— Je prends les devants, dit-il en disant adieu de la main et du regard au pauvre loup abandonné.

La Châtaigneraye offrit son poing avec une grâce toute chevaleresque ; la comtesse y posa la main avec la légèreté de l'oiseau sur le buisson.

On se mit en route. Le loup demeura seul, triste comme un mendiant, à la porte de la hutte ; Saint-Jean et Marmotte bondissaient autour des voyageurs. La comtesse, qui n'avait jamais regardé un loup en face, fut si attendrie par la mine de celui-ci, qu'elle lui dit adieu par un signe de tête que n'eût pas dédaigné le marquis de La Châtaigneraye. Le pauvre loup eut l'air touché de cette marque de sympathie ; il poussa un long gémissement.

Le voyage de la hutte au château, par un vent de

bise, sur un chemin couvert de givre et de feuilles mortes, fut, pour le marquis de La Châtaigneraye et pour la comtesse de Nestaing, une promenade à travers un pays charmant, sur un chemin tapissé d'herbe et de mousse, par une brise printanière qui secoue, à chaque bouffée, aubépines, roses et violettes. Quand le cœur et du voyage, c'est un enchanteur qui transforme le désert en oasis.

XXXII

L'homme et le fantôme.

Le lendemain, au point du jour, madame de Nestaing se réveilla tout agitée. Elle se souleva sur l'oreiller et regarda autour d'elle, comme si elle poursuivait un rêve du regard.

— Le marquis de La Châtaigneraye, murmura-t-elle lentement en passant ses mains sur ses yeux. Lui ! où est-il ? que m'a-t-il dit ? Et Riantz ?... Ah ! mon Dieu !

Un rêve triste et charmant avait ramené devant madame de Nestaing les images de Riantz et de La Châtaigneraye. Elle avait assisté au fatal duel ; elle avait vu mourir le blessé, elle avait été prier sur sa tombe, et là, pendant qu'elle priait, un homme lui était apparu avec la figure du mort, et cet homme, c'était le marquis de la Châtaigneraye. Il l'avait entraînée par mille et mille détours au petit hôtel de la rue des Minimes. En vain elle s'était débattue, en vain elle lui avait crié : « Ne me touchez pas, vous qui avez tué Riantz ! » Il répondait toujours : « Riantz, c'est moi ! Riantz vous aimait, il m'a légué son amour en mourant. Voyez : est-ce que je ne vous regarde pas avec ses yeux ? est-ce que je ne vous souris pas avec ses lèvres ? Son âme n'est pas morte : elle est là, dans mon cœur, dans mes yeux, sur ma bouche ! » Disant ces mots, il l'avait baisée sur le front ; un baiser brûlant et glacial, un baiser qui sentait l'amour et la mort.

— Quel affreux rêve ! reprit madame de Nestaing, toute pâle et toute tremblante. O mon Dieu ! mon Dieu ! délivrez-moi de cet homme !

Tout en voulant se délivrer du souvenir de La Châtaigneraye, madame de Nestaing y pensa avec plus de force ; elle croyait le repousser loin d'elle comme un ennemi, mais elle ne faisait que combattre : le souvenir du marquis s'élevait brûlant au-dessus et tout autour d'elle, comme ces épines de la forêt des passions dont parle saint Augustin. L'amante désolée s'y déchirait le cœur à chaque mouvement.

La comtesse sonna Marton.

A peine cette fille eut-elle refermé la porte que madame de Nestaing lui demanda, sans préambule, si M. le marquis de La Châtaigneraye, venu à Froidmond en compagnie de M. de Liez, ne ressemblait pas à une des personnes venant autrefois à son hôtel.

Marton repassa dans sa mémoire toute la curieuse galerie des vieux conseillers. Elle répondit qu'elle ne trouvait pas de ressemblance possible entre un aussi beau gentilhomme et de vieux magistrats.

— Cherchez bien, Marton, reprit Madame de Nestaing. M. de Riantz, qui est venu par hazard à l'hôtel, n'avait-il pas un air de famille avec le marquis ?

— Vous m'y faites penser, madame ; mais je crois qu'ils se ressemblent plutôt par les belles manières que par toute autre chose.

Madame de Nestaing pensa qu'elle devait aller le jour même rendre visite aux dames de Liez.

— Habillez-moi avec goût, Marton.

— Quelle toilette fera madame la comtesse ?

— Vous savez mieux que moi le temps qu'il fait.

— La robe à guirlandes ?

— Elle me va mal.

— La robe à falbalas ?

— Elle est fanée.

— La robe des Indes à fleur d'or ?

— La première venue, qu'importe ?

— Oh! oh! se dit tout bas Marton, il y a bien longtemps que nous n'avons voulu mettre cette robe-là.

XXXIII

Que La Châtaigneraye voulait triompher de lui-même.

A midi, madame de Nestaing et sa mère montèrent en carrosse pour aller à Liez. Il avait neigé la nuit ; la nature montrait à peine, çà et là, un pan de sa robe sur la colline. Les chevaux, mal ferrés, glissèrent à un tel point, qu'il fallut se résigner à les voir marcher au pas. On arriva à Liez trop tard pour revenir à Froidmont le même jour.

La Châtaigneraye fut charmant, comme de coutume ; mais ce fut un charme nouveau qui trompa encore la comtesse.

Dans ce temps-là on n'avait pas l'habitude de soupirer longtemps sans avertir la dame aimée. Dans une promenade au bord de l'étang du parc, où patinaient M. de Liez et le chevalier de Franval, le marquis, se trouvant seul avec madame de Nestaing, osa lui offrir son cœur.

— Pour un seul de vos regards, madame, je me résignerais avec joie à passer ici tout un hiver loin du champ de bataille et loin de la cour. Pour un mot de votre bouche adorable, je donnerais ma place à la guerre et aux bals masqués du Palais-Royal.

Ainsi parlait La Châtaigneraye.

Il voulait à toute force arriver une seconde fois au cœur de madame de Nestaing : c'était là une conquête que lui eût enviée Richelieu. Séduire deux fois une femme de cette façon ! la séduire quand elle est pure et qu'on s'appelle Riantz ; la séduire quand elle s'est retirée du monde pour porter à jamais le deuil de Riantz ; la séduire quand on passe à ses yeux pour avoir tué son amant en duel : voilà ce que voulait La Châtaigneraye, las des conquêtes faciles.

Jusque-là il n'avait joué au jeu d'amour qu'avec légèreté et insouciance ; il recherchait un jeu plus compliqué, ou plutôt il inventait un jeu.

Jouer avec l'amour ! La Châtaigneraye n'avait, la première fois, tué qu'à moitié madame de Nestaing ; voulait-il, la seconde fois, la tuer tout à fait ?

Au bord de l'étang de Liez, madame de Nestaing

fut loin d'accueillir les paroles dorées du marquis. Elle le railla et n'y voulut pas croire.

Mais La Châtaigneraye, qui avait appris depuis longtemps à lire dans le regard des femmes, vit clairement que la comtesse ne raillait si bien que pour cacher son trouble.

Ce jour-là même, il dépêcha un laquais à Paris avec l'ordre de ramener à Liez tout son équipage.

— Mon cher comte. dit-il à M. de Liez, une affaire d'honneur me tient éloigné de Paris : j'ai tué en duel un méchant maître des requêtes qui frappait, en même temps que moi, à la même porte. Ne trouvez pas mauvais que je m'arrange ici pour la mauvaise saison.

— Comment donc ! s'écria le comte, si vous daignez rester à Liez, il n'y aura pas de mauvaise saison pour nous.

Tout en disant cela, le comte jugea à propos de se tenir sur ses gardes du côté de madame de Liez.

XXXIV

Masques sur Masques

Je ne raconterai pas mot à mot toutes les allées et venues de Liez à Froidmont, toutes les scènes de cette passion bâtie de sable comme toutes les passions, mais avec des larmes innombrables. Madame de Nestaing aima La Châtaigneraye avec plus d'entraînement qu'elle n'avait aimé celui qu'elle appelait Riantz. En vain elle voulut se défendre de cet amour sacrilège à ses yeux, cet amour qui offensait, disait-elle, la mémoire adorée d'un premier amant.

Je ne me hasarderai pas dans les ténèbres du cœur pour chercher une raison à cet amour. L'amour n'a jamais raison ; et, tant qu'il y aura des femmes, il y aura quelque chose de nouveau à dire sur l'amour. C'est Marivaux qui a écrit cela.

Deux mois se passèrent en préliminaires : ce n'étaient encore que demi-aveux confiés plutôt par les regards que par la bouche, billets étudiés où le mot qui disait tout était caché par vingt mots qui ne disaient rien, bouquets de violettes qu'on laissait, comme par mégarde, sécher à son corsage ; mille autres fantaisies amoureuses qui font le charme du cœur parce qu'ils sont les enfants de l'espérance.

Ce qui surtout acheva de perdre madame de Nestaing, ce fut un bal masqué que M. de Liez donna à toute sa province dans les premiers jours de février. Après avoir dit qu'elle ne consentirait jamais à y paraître, la comtesse y alla pourtant, et de tout son cœur, et dans un costume charmant.

Elle se déguisa en paysanne napolitaine. Elle espérait n'être pas reconnue de La Châtaigneraye ; mais à peine fut-elle entrée qu'il se précipita sur ses pas avec une folle audace.

Il était déguisé en chevalier des croisades : *Tout pour sa dame et son pays,* comme chantaient les ménestrels. Grâce à son masque et grâce au masque de la comtesse, il osa parler à cœur ouvert et avec feu.

Plus que jamais égarée par les enivrements de son amour et les tourbillons de la fête, madame de Nestaing ouvrit son cœur au marquis.

Ils ne se quittèrent pas de toute la soirée. Vingt fois ils se redirent les mêmes aveux ; La Châtaigneraye, heureux de l'ancien et du nouvel amour, fier de cette double séduction ; madame de Nestaing éperdue de joie et de frayeur.

Madame de Granclos, qui était aussi de la fête, promit d'en donner une à peu près pareille. Madame de Nestaing y consentit avec enchantement.

Pourtant, le lendemain, après avoir un peu dormi, quand toutes les images du bal se furent évanouies pour elle, quand son cœur se fut un peu apaisé, elle jura qu'aucun bal ne serait donné à Froidmond, elle jura qu'elle ne recevrait plus le marquis de La Châtaigneraye ; elle jura... mais il était trop tard pour jurer. N'avait-elle pas levé son pied léger pour descendre dans l'abime jonché de roses ?

XXXV

Franjolé soulève pour une heure la pierre de son tombeau.

Un soir d'hiver, Franjolé débarqua au village de Froidmont par un ciel resplendissant d'étoiles. Depuis la dernière nuit il avait voyagé sur un mauvais cheval d'auberge. Il descendit à la porte d'un cabaret dont l'enseigne grinçait à chaque coup de vent comme une girouette rouillée. Il donna des ordres pour son cheval, en cavalier généreux qui oublie les torts de sa monture.

Après avoir jeté un coup d'œil sur les buveurs, il alla droit à la cheminée, s'y accouda et présenta tour à tour ses pieds glacés aux racines d'érable à demi consumées.

La cabaretière, qui filait à la quenouille, demanda très-humblement s'il fallait préparer à souper pour sa seigneurie. Franjolé répondit qu'il souperait le mieux du monde. La cabaretière jeta sa quenouille sur le lit en criant à sa fille, qui plissait du linge dans la salle voisine, d'allumer les fourneaux au plus vite. Il n'y avait qu'un seul fourneau dans le cabaret ; mais Franjolé n'y regardait pas de si près.

Bientôt même l'idée de souper lui échappa, grâce à la conversation de deux buveurs.

— Croyez-moi, dit le plus vieux, qui avait l'air d'un saint homme, le château de Froidmont, depuis longtemps le refuge des âmes pieuses, va devenir un séjour de scandale : on y dansera cette nuit, et une danse de bal masqué ! Cela ne s'était jamais vu dans le pays.

— Vous êtes un vieux fou ! répondit l'autre buveur en frappant les dalles de sa carabine ; il faut bien s'ébattre un peu pour secouer son chagrin.

— *Ad te, Domine, clamobo.* Vous ne savez pas ce que vous dites.

— Vous le savez bien moins que moi, vous qui parlez en latin quand vous ne savez plus que dire en français. Versez à boire et buvez. Entre nous deux, ceci est toujours la morale de la pièce. Vous dites donc que la fête sera belle au château ?

— Voilà quinze jours que les tapissiers sont là-haut sur notre haute montagne ; des tentures de soie, des franges d'or et d'argent, des lustres de cristal de roche ! est-ce que je sais tout ce qu'ils font ! Sans parler des fleurs naturelles, comme vous et moi, qui sont épanouies sur toutes les cheminées. Et les costumes ! Toute la mythologie ! Les profanes ! ils vont représenter les dieux païens depuis Vénus jusqu'à Vulcain : mon rosaire en frémit à mon cou !

— Allons, rebaptisez votre langue, et n'en parlons plus. Que venez-vous donc faire au cabaret ?

— Madame de Nestaing veut que tout le monde soit content ; elle m'a remis cinquante écus pour les pauvres de sa commune.

— Voilà une femme ! Si j'étais dévot comme vous, mille tonnerres ! je me signerais en disant son nom. Que de charités cachées et bien faites ! Il y en a, et pas loin d'ici, qui font l'aumône du haut de leur grandeur ; mais elle, bien loin de là, elle se fait humble comme un pauvre pour donner sa bourse. La première fois que je l'ai rencontrée, c'était au bord du bois des Grands-Genêts ; elle se promenait, moi je suivais un blaireau à la piste. Elle eut peur de moi. (Ce n'est pas la première qui a eu peur en me voyant !) C'est que je n'ai pas l'habitude de faire ma barbe ni de m'habiller en grand seigneur. Toujours est-il qu'elle a pris dans sa bourse une pièce de trente sous (tout ce qu'il y avait) pour me l'offrir. La belle main blanche ! J'ai saisi la pièce de trente sous, voyez-vous, Jacques Lebeau ? Vous ne le croyez pas, car ce n'est pas mon affaire de mendier ; mais il y a aumône et aumône. Si j'ai tendu la main, c'était pour la main de la dame, et non pour l'aumône. Ah ! vous ne le croyez pas ? Eh bien, voyez plutôt !

Disant cela, Trompe-la-Mort passa l'index à son cou pour saisir une chaine où étaient suspendues, en guise de scapulaires, une médaille, un anneau d'argent et une pièce de trente sous.

— Retenez bien ceci, chanteur d'oraisons : si jamais un malheur arrive à madame de Nestaing, c'est que je serais trop loin d'elle pour la secourir. Ah ! elle a bien vu dans mes yeux que je ne boirais pas avec sa pièce de trente sous. Voyez-vous, Jacques Lebeau, mon ami, on n'a pas besoin de savoir le latin pour dire ce que l'on a dans le cœur. Non pas que j'ose élever mon amitié si haut ; mais je suis un homme pourtant, car je suis libre et fier !

— Ami, dit le jardinier en se levant, il est temps de partir.

— Il est temps ! Qu'est-ce que cela veut dire ? il n'y a point de temps pour moi. Quand je suis bien quelque part, j'y reste sans me soucier de savoir s'il est temps de partir.

Jacques Lebeau s'était approché de la fenêtre.

— *Laudate eum, omnes stellæ et lumen.* Je retourne au château, car on va m'attendre pour le fête.

XXXVI

La mascarade olympienne.

L'hôte vint avertir Franjolé que son souper était servi et que son lit était couvert. Franjolé alla se mettre à table ; mais tout d'un coup, se levant avec agitation, il ordonna au cabaretier de lui seller au plus tôt un bon cheval. Comme cet homme allait sortir, Franjolé le rappela.

— Y a-t-il des comédiens à la ville prochaine ?

— Non, monseigneur ; mais une petite troupe ambulante donne aujourd'hui la comédie au bourg voisin ; si monseigneur aime le spectacle...

— C'est bien ! dit Franjolé avec impatience.

Il donna quelques coups de dent à un poulet rôti, monta à cheval et parti comme un trait. Il revint au bout de deux heures, après s'être égaré plusieurs fois, quoiqu'il fît beau clair de lune.

— Votre lit est couvert, lui répéta l'hôte, qui l'attendait au coin du feu.

— Je ne me couche pas, dit Franjolé ; et, comme je n'ai point de valet de chambre, tu vas m'habiller.

Disant cela, il déploya sous les yeux ébahis du cabaretier une longue robe noire parsemée d'étoiles. Le pauvre cabaretier s'imagina qu'il avait affaire au diable. Quoiqu'il se fût aguerri, le verre en main, contre les idées superstitieuses, il ne put s'empêcher de faire le signe de la croix.

— Imbécile ! dit Franjolé en souriant un peu ; ce n'est pas la robe flamboyante du diable, ce n'est que l'habit d'un magicien.

Bientôt rassuré, l'hôte servi tant bien que mal, de valet de chambre à Franjolé. Le costume, quoique trouvé chez des comédiens de campagne, était digne de paraitre à un bal masqué de grands seigneurs : il était moins fané que profané. Un joli poignard espagnol étincelait sous sa robe.

Il ne manquait qu'un masque ; Franjolé y suppléa par une barbe vénérable qui tombait en gerbe ondoyante jusque sur sa poitrine. Quand il se fut affublé de son chapeau pointu et orné de sa baguette enchantée, il ordonna au cabaretier de le conduire avec une lanterne (car la lune venait de se coucher) au château de Froidmond.

Il monta la montagne en silence, ne répondant que par monosyllabes à la curiosité du cabaretier. A la porte du château, il le congédia et lui dit de l'attendre avec un bon feu au cabaret.

La porte du château était ouverte. Près d'arriver au perron, Franjolé s'arrêta et mit la main sur son cœur, qui battait violemment.

La fête était commencée ; une musique aiguë se répandait jusque dans la cour. Il vit, au travers des rideaux du grand salon, glisser les ombres des danseurs : il s'avança sans y penser vers une fenêtre pour mieux entendre le bruit de la musique.

Peut-être fût-il demeuré là longtemps à rêver s'il n'eût été distrait par des laquais traversant la cour; il monta le perron, traversa fièrement les antichambres, et se présenta à la porte du salon en homme habitué à entrer partout.

A sa vue, grande rumeur : on croyait tout le monde arrivé ; on n'avait pas compté sur un magicien. Il fut lui-même très-surpris du tableau vivant qui se déployait sous les yeux : il ne s'attendait pas à voir une fête où les dieux de l'Olympe étaient presque tous représentés. Vénus était là avec son cortège de Grâces. Vénus, c'était la comtesse de Liez. Le comte n'en boitait pas pour cela. Il s'était bravement déguisé en Mars, et portait sur son épaule les filets de Vulcain.

Je ne parlerai ni de Junon, qui était vieille, ni de Minerve, qui était laide, ni d'une Hébé, très-court-vêtue, qui servait à boire aux dieux.

Madame de Nestaing, qui avait choisi les attributs de Diane chasseresse, était ravissante sous cette métamorphose. La Châtaigneraye, ayant deviné son costume par quelques paroles indiscrètes de madame de Liez, avait eu la hardiesse de se déguiser en Actéon, ce qui faisait jaser un peu la galerie. Cependant, à sa façon respectueuse de faire sa cour à Diane, on jugeait qu'il ne l'avait pas encore surprise au bain.

Franjolé pria un Hercule qu'il trouva à la porte de le présenter à la châtelaine, préparant une belle excuse sur son déguisement de mortel pur et simple. « Madame, vous n'avez qu'à me regarder pour faire de moi un Dieu. » Mais il ne débita point ce compliment. Arrivé, à la suite d'Hercule, devant Diane chasseresse, il ne trouva pas un mot à dire ; il s'inclina et s'éloigna tout défaillant, comme s'il eût entendu sonner sa dernière heure.

XXXVII

Diane et Actéon.

La danse avait recommencé ; le violon, la flûte et le hautbois mariaient leurs sons aigus ; Vénus, les Grâces et Diane chasseresse luttaient de séductions dans je ne sais plus quel ballet de Campra.

Franjolé, retiré dans un coin, entre la cheminée et les musiciens, regardait sans voir les ravissantes folâtreries qu'il avait en spectacle. Il était si absorbé, qu'il ne s'aperçut pas que, tout essoufflée par la danse, madame de Nestaing sortit par la porte du boudoir, suivie de mademoiselle de Liez et de La Châtaigneraye. Pourtant, voyant bientôt reparaître seule mademoiselle de Liez, il se souvint que madame de Nestaing était sortie suivie de cette jeune fille et du chasseur Actéon. Il devina sans peine que Diane et Actéon n'étaient pas étrangers l'un à l'autre.

— Voyons, dit-il avec une jalousie soudaine ; un mort peut bien sortir du tombeau pour veiller sur l'honneur d'une femme.

Il s'avança résolûment vers la porte du boudoir.

Comme il allait en franchir le seuil, il fut arrêté par cette question du comte de Liez à sa sœur ;

— Où est donc Diane ? Je te croyais avec elle.

— La lampe s'est éteinte, Actéon était là, et je me suis enfuie.

— Ce diable de La Châtaigneraye est toujours là quand les lampes s'éteignent. Mais ce n'est rien, ajouta le comte pour rassurer sa sœur : Diane aura sans doute rallumé la lampe aux flammes de ses beaux yeux.

Comme il disait ces mots, Junon vint lui offrir la main pour un pas de danse.

— La Châtaigneraye ! murmurait Franjolé de plus en plus agité. La Châtaigneraye ! il paraît que je suis ici en pays de connaissance.

Il disparut par la porte du boudoir. A la suite de cette pièce tout illuminée, on entrait dans la chambre à coucher de madame de Nestaing. C'était une de ces grandes chambres du vieux temps où l'on se perdait en plein jour, comme dit Brantôme, pour aller de la cheminée au lit.

La porte était ouverte ; la lumière du boudoir y pénétrait, mais seulement comme un rayon qui traverse l'ombre. Franjolé porta la main à son cœur et à son poignard ; il voulut entrer...

— Allons, allons, dit-il en s'apaisant un peu ; tout est fini pour moi !

Il alla s'asseoir sur un canapé du boudoir. Après un moment de réflexion, il se leva et ferma la porte donnant sur le salon, et, pour empêcher qu'on entendît de ce côté, il demeura appuyé contre la porte.

Un instant après, il vit dans le rayon de lumière de la chambre à coucher Diane et Actéon ; la déesse, languissamment penchée sur l'épaule de l'amoureux chasseur, refusait de reparaître à la fête ; Actéon l'entraînait en lui disant qu'elle y reparaîtrait plus belle encore.

A leur entrée dans le boudoir, madame de Nestaing jeta un cri d'effroi en voyant le magicien immobile sur la porte.

— Qu'est-ce donc ? dit La Châtaigneraye en s'avançant d'un air altier vers Franjolé.

— Rien, répondit Franjolé, moins que rien, un homme.

— Que faites-vous là, cloué sur cette porte ?

— Je vous attendais.

— Votre nom ?

— Je n'en ai plus.

Madame de Nestaing, à demie évanouie, s'était jetée sur le canapé du boudoir.

— Parlez! reprit La Châtaigneraye avec impatience, nous n'avons pas de temps à perdre.

— La vie est faite de temps perdu, dit Franjolé.

— Assez! Qui êtes-vous? Que viens-tu faire ici? Parle! mais parle donc!

Disant cela, La Châtaigneraye frappait du pied avec colère.

— Je suis ici en pays de connaissance, répondit amèrement Franjolé ; bien mieux, je suis ici chez moi.

— Chez toi!

— Demandez plutôt à la dame du logis.

Tout en demeurant contre la porte, Franjolé fit tomber à ses pieds son chapeau et sa barbe.

— Franjolé! ! s'écria La Châtaigneraye.

À cet instant, madame de Nestaing, voyant cette figure, se leva, vint tout éperdue jusque devant le magicien, poussa un cri étouffé et tomba sans connaissance dans les bras de La Châtaigneraye.

— Ne vous avais-je pas dit, reprit Franjolé, que j'étais connu ici?

XXXVIII

Où Franjolé prend la parole pour la première fois. — de sa mort.

Franjolé montra son poignard à La Châtaigneraye.

— Je ne joue pas tous les jours du violon, dit-il avec une sombre expression.

— Je perds la tête, dit La Châtaigneraye, emportant madame de Nestaing sur le canapé.

— Si vous voulez comprendre, poursuivit Franjolé, écoutez-moi en silence.

— Vous écoutez ! mais cette femme qui est là évanouie, il faut la secourir.

— Son réveil la tuera ; pourquoi ne pas la laisser en paix ? D'ailleurs, je veux être écouté.

Franjolé prononça ces derniers mots d'un ton impérieux.

— Si vous n'avez pas peur de moi, vous craignez le scandale ? vous m'écouterez donc en silence. Je vais tout dire en peu de mots. Je ne suis point Franjolé, je suis comte de Favery ; cette femme qui est là n'est point madame de Nestaing, c'est la comtesse de Favery.

— Vous êtes fou ! s'écria La Châtaigneraye.

— Silence ! dit Franjolé, en homme décidé à n'être pas interrompu.

Et il continua ainsi son histoire :

« Quand je me suis marié à cette femme, qui était alors mademoiselle Edmée de Nestaing, j'avais une maîtresse, une fille d'Opéra : vous les connaissez toutes. Celle-là s'attacha à moi le lendemain de mon mariage. Jusque-là, elle ne m'avait point aimé : dès ce jour, ce fut une passion. Vous le croirez sans peine, vous qui avez aimé toutes les femmes.

« Je confondis dans le même amour l'épouse et la maîtresse. La maîtresse fut plus aimée que l'épouse. Le cœur est ainsi fait, le démon en a toujours la plus belle part. Edmée, pardonnez-moi !

« J'étais avec cette fille dans une terre voisine de Favery, quand un de ses amants, elle en avait plusieurs, vint pour me l'enlever. Si elle fût partie toute seule, comme je commençais à m'ennuyer auprès d'elle, je me serais bien gardé de la retenir ; mais partir en compagnie ! voilà ce que je ne voulais point.

« Je surpris les fugitifs au bord de la forêt ; ils fuyaient en chaise de poste par une nuit sombre et par une pluie battante. Je forçai l'amant de mettre pied à terre ; j'ordonnai au postillon de poursuivre son chemin avec la dame, et, offrant une épée à son compagnon de voyage, je le priai de se mettre en garde. Le combat fut long; le pauvre amoureux resta sur le champ de bataille. Savez-vous ce que je fis alors ?

« Ne connaissant que trop bien l'édit sur les duels, ne voulant pas que ma femme fût obligée de suivre ma destinée, après cette aventure scandaleuse qui apprenait à tout le monde et à elle-même ma façon de vivre dans le mariage, je pris tout de suite la résolution de lui laisser les chances du veuvage.

« Je rentrai au château, tout en rédigeant une épitaphe ; j'appelai un valet sur le dévouement duquel je comptais ; j'écrivis mon testament sous ses yeux, ayant soin de lui faire lire une clause renfermant un legs pour lui. Je lui déclarai que j'étais mort et qu'il ne s'agissait plus que de me faire enterrer. Le coquin me comprit. Il m'avait vu partir avec des épées : « C'est cela, Monseigneur a été tué en duel. » J'écrivis une lettre d'adieu et de repentir à madame de Favery, la priant de disposer de ma fortune à son gré; je ne réservai pour moi que ce qu'il me fallait pour vivre oublié.

« Je demeurai deux jours pour assister, autant que possible, à mon enterrement. Vous devinez qu'on mit tout simplement mon adversaire à ma place. Ainsi il n'y eut point de profanation dans l'église, il n'y eut qu'un mensonge sur l'épitaphe : les tombeaux sont habitués à cela.

« Je partis pour Paris, le meilleur pays pour vivre oublié. Vous avez vu comment je vécus en mort de qualité, jouant du violon et secouant la poussière des vieux livres. J'ai tenu ma parole à ma veuve, je veux lui tenir parole encore. Voilà pourquoi je vais vous prier, ou vous forcer, si vous aimez mieux, d'épouser madame la comtesse de Favery, qui se dit aujourd'hui la comtesse de Nestaing. »

XXXIX

Le lendemain de la fête.

Ainsi parla Franjolé.

— Vous ne savez ce que vous dites, murmura La Châtaigneraye avec surprise et avec impatience, tout en soulevant dans ses bras la tête de madame de Nestaing.

— J'ai dit la vérité, j'ai parlé sérieusement, reprit Franjolé d'un air triste et grave. Après ce qui vient de se passer, vous devez votre main à cette femme ;

pour votre cœur, je pense qu'il est à elle depuis longtemps.

Il se fit un moment de silence. Franjolé, toujours appuyé contre la porte, tourna ses yeux pour la première fois sur cette main fine et blanche qui l'avait si souvent séduit à la fenêtre sculptée de la rue des Minimes.

— O mon Dieu ! murmura-t-il, penchant la tête et soupirant, vous vouliez donc, quand vous m'avez présenté cette main dont je m'étais détaché, me punir bien cruellement de cette triste séparation ! je n'ai aimé ma chaîne qu'après l'avoir brisée. Mais qu'ai-je dit ? ai-je le droit de me plaindre ici-bas, moi qui ne suis plus de ce monde ? Je suis un étranger, un exilé, un proscrit. »

Il se tut. La Châtaigneraye, tout éperdu, regardait tour à tour madame de Nestaing et Franjolé : il croyait rêver ou lire un roman.

On entendait toujours la musique vive et gaie de la fête. La danse n'avait pas encore été si bruyante. Le comte de Liez, pour cacher l'absence de la dame du logis, avait donné l'entrain avec passion.

Cependant, au moment où Franjolé venait d'achever son étrange récit, le comte de Liez ne put empêcher sa femme et son ami le chevalier de vouloir passer dans le boudoir sous le prétexte de retrouver madame de Nestaing.

Le chevalier poussa donc la porte. Franjolé l'ouvrit à moitié et se mit sur le passage pour empêcher les regards curieux.

— Encore un instant ! je dis la bonne aventure à madame de Nestaing, tout à l'heure ce sera votre tour.

Il ferma la porte sans parlementer davantage, sauvant ainsi pour les étrangers l'honneur de sa femme.

Il y eut encore un moment de silence dans le boudoir.

— De grâce, madame, revenez à vous, dit La Châtaigneraye en relevant tout à fait la femme ou la veuve de Franjolé.

Elle ouvrit les yeux ; elle agita les bras ; elle dénoua sa chevelure.

— Où suis-je ? s'écria-t-elle tout égarée.

Elle regarda La Châtaigneraye.

— Riantz ! c'est vous !

Elle se jeta dans les bras de son amant ; elle se cacha le front sur son cœur.

— Ah ! Riantz ! sauvez-moi de M. de La Châtaigneraye.

Elle se tourna vers Franjolé, comme entraînée par un vague souvenir.

— Riantz ! sauvez-moi de ce fantôme !

— Pourquoi Riantz ? dit Franjolé. Cet homme est le marquis de La Châtaigneraye.

En ce moment le marquis acheva de perdre la tête ; il ne comprit pas qu'il frappait le cœur de sa pâle maîtresse d'une horrible révélation, en lui disant :

— Riantz, c'est La Châtaigneraye.

Elle retomba atterrée sur le canapé.

— Riantz ! La Châtaigneraye !

Elle repoussa le marquis.

— Qu'ai-je dit ? murmura la Châtaigneraye.

Il regarda avec pitié cette femme, qui lui avait été infidèle en se donnant à lui.

Toute voilée par ses longs cheveux épars, madame de Nestaing se tourna vers Franjolé.

— Vous ! qui êtes-vous donc ? Mais c'est un jeu de l'enfer. M. de Favery ! oui, c'est M. de Favery ! je le reconnais ! Oh ! mon Dieu ! dans quel abîme suis-je tombée ? n'est-ce pas que je suis folle ? de grâce, dites-moi que je suis folle !

Elle tomba agenouillée.

— Oui, c'est vous, je vous reconnais, vous que j'ai oublié... Ayez pitié de moi. Grâce ! grâce ! j'irai vous rejoindre bientôt... Ne suis-je pas plus d'à moitié morte ?

Elle leva sa main tremblante.

— Cette main que j'ai tant aimée, dit Franjolé avec un sanglot, cette main...

Il n'eût pas d'abord le courage de la *saisir* ni même de la *toucher*, comme il l'avait rêvé.

— Grâce ! grâce ! reprit madame de Nestaing avec l'accent du désespoir.

On frappa à la porte, sans doute à cause des cris de la pauvre femme.

Emporté par son cœur, Franjolé prit enfin la main qu'il avait laissée retomber.

— Relevez-vous, madame, vous êtes libre ; c'est une ombre qui vous parle. Je vous le dis, vous êtes libre ; je ne reparaîtrai plus à vos yeux. Je retourne dans l'oubli, mais je ne repartirai qu'après avoir reçu du marquis de La Châtaigneraye le serment qu'il vous épousera. S'il refuse, je jure, moi, qu'il n'en épousera jamais une autre. Mais je ne veux pas troubler plus longtemps vos fiançailles.

Il saisit la main de La Châtaigneraye et la réunit à celle de madame de Nestaing.

— Adieu, madame ; adieu, La Châtaigneraye.

Il ramassa son chapeau, s'inclina et disparut par la chambre à coucher.

XL

Où va l'amour.

Dès que la porte du boudoir fut libre, les curieux du salon l'ouvrirent et affluèrent vers le lieu de la scène.

— Ma foi, Messieurs, dit La Châtaigneraye d'un ton dégagé, je crois bien que le diable vient de nous rendre visite en personne, car, en vérité, ce magicien avec sa robe semée d'étoiles et son chapeau pointu n'est rien autre que le diable. Voyez-vous la belle comédie qu'il vient de nous jouer? nous en sommes encore tout ébouriffés. Par malheur, madame de Nestaing a pris le diable au sérieux.

Disant ces mots, La Châtaigneraye s'approcha de sa maîtresse, qui s'était remise sur le canapé.

— Madame, revenez à vous, le magicien n'est plus là; je crois, Dieu me pardonne, qu'il s'est enfui par la cheminée.

Madame de Nestaing, pâle comme une morte, ne trouva pas un mot à dire. Toutes les femmes vinrent à elle avec empressement et avec curiosité. La musique se tut. Durant le reste de la nuit on ne fit plus que parler du diable. Qu'a-t-il fait? de quelle couleur était-il ? parlait-il hébreu ou chinois ? avait-il une queue et des cornes ? est-il parti ? reviendra-t-il ? qu'a-t-il dit ? qu'a-t-il fait ? a-t-il prédit la fin du monde à madame de Nestaing ? En un mot, mille questions de ce genre se croisaient à toutes les oreilles.

La Châtaigneraye faisait bonne contenance, il entassait mensonges sur mensonges, de l'air du monde le plus persuadé. On ajoutait foi, ou on feignait d'ajouter foi à ces récits bizarres.

Cependant Madame de Nestaing, loin de se remettre, était de plus en plus abattue et désespérée ; plus elle réfléchissait et plus elle descendait dans l'abîme. L'apparition de son mari, qu'elle croyait mort depuis longtemps, cette fête qui se terminait par un coup de théâtre, tous ces spectateurs qui cherchaient à lire dans son âme, ce cruel La Châtaigneraye, qui, en lui disant que Riantz n'était rien autre que lui-même, lui disait assez qu'il y avait dans son amour plus de caprice que de passion ; ce souvenir d'avoir été infidèle à un homme en lui donnant deux fois son cœur, tout cela l'exaspérait et la tuait.

Dès qu'elle put se soutenir, elle ressaisit ses forces et se retira vers sa chambre, disant qu'elle allait revenir, et priant ses conviés de continuer la fête.

Elle ne revint pas ; elle se mit au lit, Madame de Liez, qui avait voulu la suivre, espérait savoir l'énigme, mais madame de Nestaing persista à garder le silence ; obsédée de questions, elle finit par faire semblant de s'endormir.

Le jour commençait à poindre ; chaque dieu de l'Olympe fit atteler ses chevaux, reprit ses habits de simple mortel et monta en carrosse, promettant de revenir bientôt savoir les suites de la visite du diable.

La Châtaigneraye partit aussi ; mais, à peine au milieu du bois des Grands-Genêts, quand il jugea qu'il ne restait plus au château que madame de Nestaing et sa mère, il rebroussa chemin.

A son retour au château, il demanda à se présenter devant madame de Nestaing si elle ne dormait pas. Elle fit répondre qu'elle ne voulait voir personne. Il s'obstina à frapper à sa porte; effrayée à la seule idée de le revoir, elle demanda une plume et lui écrivit :

« *Pourquoi voulez-vous la revoir, celle qui fut deux fois coupable et qui vous a trahi vous-même dans sa faiblesse ? Votre présence ne serait qu'un supplice pour elle ; alors même que vous n'êtes pas là, elle rougit encore. Vous vous êtes fait un jeu de l'amour : le jeu vous a distrait, vous ; le jeu m'a tuée, moi. Adieu.* »

A ce billet La Châtaigneraye répondit par une longue lettre pleine de vraie passion et de vraie douleur ; il avouait son crime avec un repentir profond ; il mettait sa vie aux pieds de madame de Nestaing; si elle mourait, il voulait mourir : si elle daignait vivre, il voulait l'adorer ; mais il demandait surtout à la revoir, ne fût-ce qu'un instant, à se jeter à ses genoux, à pleurer sur ses mains. Madame de Nestaing, qui avait aimé deux fois cet homme, n'eut pas la force de lui refuser une entrevue ; elle reprit la plume et lui écrivit cette simple ligne au bas de la lettre :

« *Venez donc, pour que je meure plus tôt.* »

XLI

Un grain de sable et un brin d'herbe.

Il vint. L'entrevue fut déchirante. Pour la première fois de sa vie, La Châtaigneraye montra qu'il avait des larmes dans le cœur ; il prit les mains de sa pâle maîtresse et il pria Dieu, lui qui n'avait jamais prié.

Comment reproduire toute la tristesse funèbre de

cette entrevue ? Madame de Nestaing pressentait que la mort venait à grands pas. La Châtaigneraye ne pouvait voir les yeux étincelants, la sombre pâleur, les lèvres déjà flétries de madame de Nestaing, sans songer aux profondeurs de la tombe.

Au bout d'une demi-heure, madame de Froidmont ayant fait avertir sa fille qu'elle allait venir la voir, la jeune femme supplia La Châtaigneraye de s'éloigner.

— Je reviendrai, dit-il d'un air suppliant.

— Oui, revenez, murmura-t-elle.

Mais, dès que la porte fut refermée sur lui, elle ajouta :

— Je ne le reverrai plus, car je ne serai plus là.

Quand le cœur est blessé à mort, c'est bientôt fait du reste : quand notre âme déploie ses ailes pour les sphères éternelles, nous avons déjà un pied dans la tombe.

Dès la nuit suivante, madame de Nestaing tomba dans un horrible délire. La Châtaigneraye, qui était revenu avec le comte de Licz, eut beau faire pour pénétrer jusqu'à elle ; le médecin et le curé, qui veillaient auprès de son lit, vinrent supplier le marquis d'attendre jusqu'au lendemain.

Le lendemain, même délire, même prière, même

empêchement. Une crise emporta la pauvre femme vers le milieu de la nuit.

— Ma mère, priez pour moi, murmura-t-elle doucement.

Tout le château veillait. La mère poussa un cri. La Châtaigneraye vint au lit de la morte en se frappant le cœur avec désespoir.

Il alla pleurer sur sa tombe, il jura de mourir pour elle ou de ne vivre que dans son souvenir.

Quand on a démoli, en 1841, le château de Froidmont, on a découvert des sépultures. Un paysan m'a vendu *au poids de l'or* un bracelet en or trouvé dans un tombeau. C'est un bracelet à médaillon, qui renfermait sans doute un portrait. En ouvrant le bracelet, j'y ai lu : *aimer, c'est mourir*, entre ces deux noms : *Edmée, Riantz*.

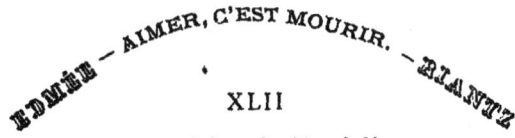

XLII

Le violon de Franjolé.

Durant six semaines, La Châtaigneraye ne reparut pas dans le monde. Au bout de ce temps, il lui sembla qu'il y avait six siècles qu'il pleurait sa belle maîtresse. Il fit comme les femmes : il se consola.

Il épousa, par distraction, mademoiselle Caroline de Coigny, une vertu tout à fait déplacée sous la Régence.

Ce jour-là, Champignolles mit un crêpe à son chapeau, et chanta le *de profundis* de sa jeunesse, après quoi il épousa mademoiselle Rose-Rose, et disparut du théâtre de ses hauts faits.

Pour Franjolé, il joua si bien son rôle de défunt jusqu'au bout, qu'on n'entendit jamais parler de lui (1).

Un jour que le marquis de la Châtaigneraye avait remué le souvenir de sa jeunesse, il alla se promener dans la rue des Minimes.

Il voulait respirer une bonne fois le cher et funèbre parfum des passions ensevelies.

— Où es-tu, Rose-Rose ? dit-il en voyant une autre figure à la fenêtre de la jeune fille. Où êtes-vous, Edmée ? Où êtes-vous, mon cœur ? Les insensés

---

(1) Sous ce titre, les *Airs de Franjolé,* la veuve Du Chesne, « rue Saint-Jacques, *A la Lyre d'argent,* » a publié le recueil de la musique écrite par le musicien philosophe. On dirait un pressentiment des opéras de Grétry : c'est la même gaieté qui prend des larmes à ceux qui s'y abandonnent. Mais qui nous dira jamais toutes les chansons envolées sur les ailes de la jeunesse et de la poésie par la fenêtre de la rue des Minimes ?

Le recueil est daté de 1730: Franjolé vivait-il encore ? Ses Mémoires ne vont que jusqu'en 1725.

ceux-là qui disent que nous n'aimions pas sous la Régence !

Comme il passait devant la boutique du menuisier, il entendit le joyeux air des *Folies d'Espagne*. Il porta la main à son cœur et sentit se mouiller ses yeux : c'était Franjolé qui jouait encore du violon.

Écrit au château de la Reine Blanche en 1842.

LA DAME AUX DIAMANTS

LA
DAME AUX DIAMANTS

I

On lit quelquefois dans les journaux, sous la signature de reporters les plus officiels : « Fête splendide et miraculeuse, les hommes jetaient l'esprit à pleines mains, les femmes ruisselaient de diamants »

Nous parlerons tout à l'heure de l'esprit, parlons d'abord des diamants.

Depuis qu'il y a à Paris plus de voleurs que de diamants, les femmes ont inventé une admirable manière de porter leurs pierres précieuses. Elles vont chez un joaillier; elles ouvrent leurs écrins et elles commandent autant de pierres fausses qu'il y a de pierres vraies, à peu près comme un amateur de tableaux ferait copier tous ses originaux pour les jours non fériés.

Mais les femmes ne portent même plus leurs diamants les jours fériés ; elles les portent — à la Banque de France à peu près comme si elles les cachaient à six pieds sous terre ; elles se contentent des pierres fausses, disant que nul ne peut mettre en doute qu'elles n'aient les vraies D'ailleurs, on n'y regarde pas de si près, il n'y a en ce monde que des illusions.

Louis XIV portait à son chapeau le fameux diamant qui a pris le nom du Régent ; la duchesse de Berry le portait sur son sein charmant, où tous les hommes de cour voulaient toucher l'oiseau. Napoléon Ier le portait au pommeau de son épée. Jusque-là on n'avait pas l'idée des diamants faux. Ce fut Mlle Mars, quand on lui eut volé son écrin. Aujourd'hui toute femme un peu distraite qui porte des diamants court risque d'être volée ; les plus heureuses sont celles qu'on enlève pour leurs diamants.

On a vu des femmes enlever des hommes pour la même cause, témoin Mlle Marthe, la comédienne — si ingénue — qui a caché dans son cabinet de toilette le prince C — a. Ils en sont morts tous les deux.

Le diable me conta donc à propos d'Amilton l'histoire d'une jolie Américaine dont les diamants ont fait beaucoup de tapage vers la fin du règne de Napoléon III.

II

En ce temps-là, il survint à Paris un étranger de fort belle mine qui se fit annoncer par les journaux sous le titre du prince Enderberg, prince moderne s'il en fut, qui se donnait les plus belles origines, comme Alcibiade, César, Napoléon, et autres héroïques coureurs de grandes aventures.

Il était accompagné de quatre aides de camp, qui n'avaient jamais fini de conter les hauts faits de leur maître.

Le premier était historiographe officiel des actes de courage, de vaillance, de témérité. Le prince avait eu un régiment en Russie, mais il s'était battu en duel avec un grand-duc pour un mot mal sonnant ; naturellement il avait blessé le grand-duc qui ne s'en vantait pas et qui niait le duel.

Le second aide de camp était l'historiographe officiel des connaissances supérieures du prince. Il racontait que son puissant seigneur et maître avait fait le tour du monde avec une compagnie de savants, plus émerveillés les uns que les autres de la science géographique de monseigneur ; naturellement il avait découvert des terres inconnues où il avait planté son drapeau.

Le troisième aide de camp était l'historiographe officiel de la fortune et de la charité du prince. Combien de prodigalités, mais combien de bienfaits ! Naturellement l'empereur de Russie et l'empereur d'Autriche avaient mis la main sur sa principauté, mais sans pouvoir le ruiner tout à fait, parce que ses possessions de mines et de forêts n'étaient pas circonscrites dans sa terre patrimoniale.

Le quatrième aide de camp, un poëte célèbre — dans la principauté Enderberg, — était l'historiographe officiel des bonnes fortunes du prince. Jamais don Juan, Lovelace et le duc de Parisis n'avaient fait un pareil massacre de vertus ; c'était un bourreau des cœurs s'il en fut, il fauchait des moissons d'amoureuses, il emportait sous chaque bras des gerbes de femmes éplorées. Aussi il ne doutait pas que Paris ne fût bientôt allumé par ses œillades.

Les gens sensés auraient bien pu mettre en doute les hauts faits, la vaillance, la fortune et les séductions du prince Enderberg, mais il n'y a pas de gens sensés à Paris. C'est le pays par excellence où l'on prend les gens, non comme ils sont, mais comme ils se donnent.

Et pourtant, les pièges du prince étaient si grossiers ! Ses aides de camp à tour de rôle hantaient les journaux et y chantaient, à dix francs la ligne, les vertus de monseigneur. Par exemple, on lisait dans un papier public :

« Le prince Enderberg était hier à l'Opéra, dans
» l'ancienne loge infernale, avec quelques célébri-
» tés étrangères. Un de ses aides de camp a jeté
« un bouquet sur la scène quand Mlle Fiocre a paru.
» On assure qu'il y a autant de diamants que de ro-
» ses dans ce bouquet merveilleux : ces Russes
» n'en font pas d'autres. »

Le lendemain, on lisait :

» Le prince Enderberg a loué une avant-scène
» de rez-de-chaussée aux Italiens ; c'est un des ad-
» mirateurs de la Patti, il a été souper chez elle et
» a dit au marquis : — Je vous félicite, c'est une
» poule aux œufs d'or, cette poule du pays de
» Caux. »

Toujours à dix francs la ligne.

On insérait au même prix dans un autre journal :

« Hier c'était le petit lundi de l'Impératrice, c'était
» surtout le lundi des étrangers. Le prince Ender-
» berg a dansé avec la belle Ambassadrice aux yeux

» pers, — une paysannerie de son pays — qui a
» ravi tout le monde. Le prince est aussi beau ca-
» valier à pied qu'à cheval, il montre autant de
» grâce à danser qu'à faire des armes. »

Il n'en fallait pas tant pour que le prince devînt furieusement à la mode; on se l'arrachait partout, il n'y avait pas de beau cotillon sans lui, on se demandait tous les jours au Bois : Le prince est-il arrivé ?

Il était aussi familier dans le demi-monde que dans le beau monde. Cora Pearl lui demandait conseil sur un attelage quand Soubise le consultait sur le jeu de l'amour et du hasard.

Ce qui achevait de le placer bien haut dans l'opinion publique, c'est qu'il avait dans son antichambre un hallebardier et un capitaine des gardes : rien ne paraissait plus beau dans un pays aussi démocratique que la France. Bien plus il donnait des décorations ; il avait toute une fabrique occulte où le cachet et la griffe jouaient sur le parchemin. Il disait négligemment qu'il n'avait résigné aucun de ses privilèges, ni celui d'octroyer des titres de noblesse, ni celui de battre monnaie.

Aussi avait-il des amis sans nombre. Ceux qui étaient décorés espéraient devenir comtes par sa grâce, ceux qui étaient comtes espéraient que monseigneur fleuriraient leur boutonnière. Ceux qui n'avaient pas souci de ces vanités se contentaient de l'amitié d'un prince qui pouvait battre monnaie.

Eh bien! on vit à Paris dans un tel chaos et dans un tel vertige, toujours au bord de l'abîme en rêvant l'ascension, ébloui du jour, affamé du lendemain, dans le gâchis suprême de l'ambition et de l'amour, préoccupé des affaires du cœur dans les affaires d'argent et préoccupé des affaires d'argent dans les affaires du cœur, que les esprits les moins affolés coudoyaient le prince Enderberg, lui donnaient la main, le recevaient chez eux, sans lui demander — ses papiers. — D'où lui venait tout l'argent qu'il prodiguait autour de lui, ici pour des chevaux, là pour des filles? Il jouait aux trois cercles ; messieurs les aides de camp pleuraient l'argent perdu, mais ils s'enivraient dans les festins du prince en disant qu'il fallait que jeunesse se passe.

Il jouait si bien son jeu qu'aussitôt qu'il fut à son zénith il s'éclipsa.

Ce fut un chagrin bruyant — dans le tout Paris.— Il était si bon compagnon. — Et maintenant qui jouera avec moi? s'écria en pleurant Mlle Tournesol. Ce cri du cœur aurait dû rabattre bien des illusions, car Mlle Tournesol gagnait toujours. Mais qui donc a le temps d'être logique ?

Le prince avait dit bien haut : — Je vais chez moi chercher de l'argent, car il en faut beaucoup à Paris.

Il y avait bien çà et là un joueur décavé, en proie à de rudes réflexions sur le hasard des cartes, qui disait entre deux soupirs : — C'est Enderberg qui m'a porté la « guigne ; » chaque fois qu'il était là, j'étais bien sûr d'avance que j'allais perdre ; il avait beau dire qu'il perdait toujours, je lui ai vu faire les plus beaux coups.

Cette opinion qui s'exprima çà et là timidement finit par prévaloir ; aussi quand le prince Enderberg reparut à Paris, il trouva quelque froideur dans les cercles, il sentit que tout le monde avait cent yeux pour le voir jouer. Il joua beaucoup moins.

Mais c'était un homme de ressource : on peut jouer sans cartes dans le grand jeu de la vie.

Il se retira un peu du demi-monde pour se consacrer avec plus d'abandon, comme il le disait, aux joies sérieuses du vrai monde. On a vu souvent ce prodige à Paris, que le jour où un homme n'était plus reçu chez les filles, il était reçu chez les femmes du monde, — que dis-je ? chez les duchesses et aux Tuileries.

A sa seconde réapparition à Paris, le prince Enderberg affecta des allures plus sérieuses. Il montra plus de dignité. Il dit qu'il ne manquait pas un sermon ; ses aides de camp racontèrent que ce beau sceptique, qui riait de tout hormis de lui-même, avait pris une foi solide dans les pieuses conversations qu'il avait eues avec le pape à son dernier séjour à Rome, où naturellement il était allé au conseil des rois détrônés.

Cette fois c'était l'homme le moins répandu à Paris, il partageait son temps précieux entre la cour et l'église, ne parlant dans ses rares visites mondaines que de l'Impératrice — qu'il ne voyait pas et du père Hyacinthe — qu'il n'avait jamais vu.

— Voyez-vous, disait-il avec un grand détachement des choses d'ici-bas, jusqu'ici je me suis trop éparpillé. Qui se contient s'accroît. Les hautes destinées qui m'appellent m'arrachent de plus en plus aux fêtes parisiennes. Je vais bientôt leur dire adieu : principauté oblige.

On avait beau lui représenter que les grandeurs de ce monde n'obligeaient pas à s'ennuyer, il répondait comme La Bruyère : « Il faut du sérieux dans la vie quand on a charge d'âmes. »

Ce fut alors qu'il se passa une très-romanesque aventure, qui fit beaucoup jaser le monde parisien.

III

Un soir, aux Italiens, la Patti avait réuni l'escadron volant de la beauté et de la coquetterie — qui a remplacé la grâce — et qui est plus belle encore que la beauté.

La grâce d'ailleurs était présente, puisque dans l'avant-scène impériale, on voyait l'Impératrice avec Mme de Pourtalès ; puisque vis-à-vis, dans l'autre avant-scène, une Anglaise et une Américaine, deux beautés de keapseake, s'étaient donné rendez-vous pour émerveiller l'orchestre. Non-seulement elles étaient fort jolies — ces deux déjeuners de soleil — mais elles étaient resplendissantes dans les feux de leurs diamants.

Elles s'étaient connues à la dernière saison des bains de Brigton, elles étaient à peu près veuves toutes deux, puisque l'Anglaise avait son mari aux Indes, puisque l'Américaine ne permettait pas au sien de venir à Paris avant d'avoir fait quatre fois fortune.

Elles remarquèrent ce soir-là que le prince Enderberg, qui était dans la loge de l'Impératrice, en visite avec l'ambassadeur de la Sublime Porte, les lorgnait avec acharnement. Elles lorgnèrent tour à tour sa barbe noire qui brillait comme les ailes de la pie.

— Quand on pense, dit l'Américaine, que nous n'avons pas de princes dans notre pays.

— Grâce à Dieu! dit l'Anglaise, il y en a tant à Paris qu'il y en a sur le pavé.

Qui fut bien étonné ? ce fut l'Américaine, quand tout à coup l'ouvreuse vint lui dire que le prince Enderberg demandait à être introduit auprès de ces dames.

— Jamais, dit l'Américaine ; que dirait mon mari à Boston ?

— Il dira ce qu'il voudra, s'écria l'Anglaise.

Et elle fit un signe à l'ouvreuse de faire entrer le prince Enderberg.

Il salua les deux dames avec une grâce exquise ; il secoua autour de lui une odeur de Jockey-Club qui enivra l'Américaine.

— Asseyez-vous, prince, lui dit-elle.

Le prince sourit et resta debout.

— Mon dieu, madame, je suis touché d'un si gracieux accueil. J'étais tout à l'heure dans la loge impériale ; nous vous admirions, nous deux l'Impératrice, vous et votre amie : vous dépassez la permission d'être belles. Il n'y a que l'Amérique et l'Angleterre pour créer de pareilles figures. J'ai fait le tour du monde et je n'ai rien vu de comparable aux Américaines du Nord et aux Ophélies de Brigton ; c'est la même origine ; or, votre origine la connaissez-vous ?

Les deux amies regardèrent le prince, qui débita ce paradoxe que j'avais plus d'une fois imprimé :

— Vous descendez en ligne droite de la blonde Vénus, de la blonde Psyché, de la blonde Hélène. Qu'est-ce que la Grèce antique ? Une petite ile colonisée par les Anglais primitifs ; aussi, voyez si tous les héros et toutes les héroïnes d'Homère ne sont pas doués de cheveux blonds. Le beau Pâris n'est qu'un Anglais égaré à Troie. La Grèce, c'était les Grandes Indes pour la fière Albion, il y a quelque trois mille ans.

La dame anglaise trouva le paradoxe fort ingénieux, mais elle décida que le beau Pâris n'était jamais revenu en Angleterre.

L'Américaine était rêveuse ; elle ne pouvait contenir sa joie soudaine. Entendre parler un prince ! Ah ! si elle était venu en Europe avant son mariage, jamais elle n'eût voulu épouser un banquier américain.

Le prince reprit la parole :

— Mesdames, l'Impératrice, par un signe des yeux, vient de me rappeler pourquoi je suis venu en ambassade auprès de vous.

Et s'adressant à l'Américaine :

— Sa Majesté a remarqué, madame, que vous aviez les plus beaux pendants d'oreilles qu'elle eût jamais admirés. Où donc avez-vous découvert ces merveilles ? Quel est donc le grand artiste qui a monté ces diamants ? C'est un miracle d'orfèvrerie.

— N'est-ce pas, prince ?

— On vante beaucoup les pendant d'oreilles de Mme de Païva ; mais ces pierres-là ne sont pas si pures que les vôtres.

Comme toute la salle était en ce moment suspendue à la voix et aux gestes de la Patti, l'Américaine jugea qu'on ne la regardait pas. Elle se pencha en arrière et décrocha une boucle d'oreille pour la mettre dans la main du prince.

— Je n'osais vous la demander, dit-il en admirant le bijou. Et pourtant je ferais un bien grand plaisir à l'Impératrice si j'allais la lui montrer, car je ne vous dissimule pas que Sa Majesté est curieuse.

— Comment donc ! s'écria l'Américaine, dépêchez-vous d'aller lui porter ce diamant et rapportez-moi une invitation pour les petits lundis.

— Vous pouvez y compter, madame, pour vous et votre belle amie. J'aurai l'honneur moi-même d'aller vous remettre les invitations.

Le prince se leva. On se confondait en salutations.

— Je vais revenir, dit-il avec un sourire donjuanesque ; si vous le voulez bien, je passerai le troisième acte dans votre loge.

Il était sorti.

— Quel parfum de haute aristocratie ! trouvez-moi un Américain pour avoir cette distinction innée.

— Ah ! ma chère, dit l'Anglaise, il faut naître là-dedans.

Elles ne perdaient pas, ni l'une ni l'autre, la loge impériale.

La toile venait de tomber, mais on rappela trois fois la Patti, ce qui fit quelque diversion même dans l'esprit de ces dames.

— Vous comprenez, dit l'Américaine, que le prince ne peut pas entrer dans la loge impériale pendant un pareil triomphe.

Mais quand ont fut bien décidément dans l'entr'acte, l'Anglaise remarqua que le prince ne faisait pas son entrée.

L'Américaine commençait à s'impatienter, quand l'Impératrice se leva pour passer dans son salon.

— Quel malheur ! reprit l'Américaine, nous ne verrons pas comment elle accueille le prince et comment elle admire mon diamant.

— Savez-vous ce qui va arriver, ma chère belle ?
C'est que l'Impératrice détachera sa boucle d'oreille
pour essayer la vôtre.

— Ah ! si nous étions . Enfin, au prochain
lundi, Sa Majesté s'arrêtera pour nous parler quand
nous ferons la haie devant elle.

IV

Au troisième acte, le prince ne vint pas.

— C'est singulier, dit l'Anglaise, il n'est pas non
plus dans la loge de l'Impératrice.

— Après cela, il a tant d'amies dans la salle.

Et l'Américaine se penchait pour voir presque
toutes les loges.

A la dernière scène, quand tout le monde s'inquiète plus de sa voiture que de la catastrophe fi-
nale, quand le monde réel ne fait plus silence devant le monde de la comédie, l'américaine demanda
à l'ouvreuse, qui lui apportait sa sortie de bal, si
elle n'avait pas revu le prince.

L'ouvreuse répondit que le prince était parti ;
que sans doute ces dames le trouveraient sur l'escalier, à moins qu'il n'eût déjà accompagné quelque
princesse à son coupé.

— Pourvu, dit l'Anglaise à son amie, qu'il n'aille pas se laisser voler votre diamant par ladite princesse.

Et après un silence :

— Pourvu qu'il n'aille pas vous voler votre diamant !

— Ah ! un homme comme lui !

Les deux amies ne trouvèrent pas le prince sur l'escalier, ni sous le péristyle.

— Êtes-vous bien sûre, dit l'Américaine à son amie, en montant en voiture, que c'était bien lui que nous avons vu dans la loge impériale :

— Je ne suis plus sûre de rien, dit l'Anglaise.

— Combien vaut-il votre diamant ?

— A peine cent cinquante mille francs, une bagatelle ! Que voulez-vous qu'un prince fasse de cela ?

Quoique l'Américaine vit passer bien des nuages, elle ne voulait pas croire qu'elle fût la dupe d'un coquin titré. Elle ne doutait pas que le lendemain le prince ne lui rapportât sa boucle d'oreilles avec une invitation pour les petits lundis. Qui sait si l'Impératrice n'avait pas voulu voir ce bijou tout à son aise, en plein jour, pour juger de la beauté du diamant !

L'Anglaise avait beau lui dire que c'était une folie de garder de pareilles illusions, elle était encore sous le charme du prince Enderberg.

Il était sans doute arrivé quelque chose d'extraordinaire, mais un si galant homme n'était pas un voleur.

Qui sait, peut-être avait-il laissé tomber la boucle d'oreilles et ne voulait-il pas reparaître sans l'avoir retrouvée.

Le lendemain, l'Américaine, ne sortit pas ; elle pria son amie d'aller au bois et de parler au prince si elle le rencontrait. Pour elle, ne fallait-il pas qu'elle l'attendit à la maison ?

Il n'alla pas au bois, il ne vint pas à la maison.

Le soir, l'Américaine attendit encore, pendant que son amie était seule à l'Opéra, interrogeant ses amis sur le prince Enderberg, recueillant les opinions les plus contraires.

Le surlendemain, la pauvre Américaine était malade ; elle inventait un roman pour cacher son aventure avec le prince ; elle aimait mieux avoir perdu elle-même la fatale boucle d'oreilles que d'amuser tout Paris par l'histoire de ce qui s'était passé.

— Surtout, disait-elle à l'Anglaise, pas un mot de tout cela.

On sonna à sa porte.

Si c'était lui !

V

C'était le secrétaire général du préfet de police.

— Hélas ! dit-elle tristement, c'est le secret de la comédie !

En effet, l'homme de la police, tout de noir habillé, avec aggravation d'une cravate blanche, lui dit qu'il savait sa mésaventure. Il ne s'expliquait pas encore pourquoi le prince avait emprunté la boucle d'oreilles. Peut-être n'était-ce qu'un jeu : le prince était célèbre pour ses excentricités ; mais le préfet de police ne permettait pas de pareils jeux ; il envoyait son secrétaire vers la belle Américaine pour la rassurer ; il savait déjà où était la boucle d'oreilles ; l allait avant la fin de la journée ordonner une descente de ses agents qui, il n'en doutait pas, mettraient en mains le diamant.

Et là-dessus, l'homme noir remettait une lettre de M. Andrieux, écrite sur un papier de grand format, portant en tête : « PRÉFECTURE DE POLICE, » imprimé en belles capitales. Le préfet priait l'Américaine d'avoir confiance en son secrétaire comme en lui-même, il la priait de lui remettre l'autre boucle d'oreilles pour qu'il pût constater que c'était bien la pareille que dans sa légèreté incroyable le prince avait confiée à sa maîtresse.

L'Américaine était touchée jusqu'aux larmes ; elle n'en revenait pas de voir que la police était aussi bien faite à Paris.

— Je savais bien, dit-elle à son amie, que je ne pouvais pas perdre ma boucle d'oreilles ; un pareil diamant se retrouve toujours.

Et sans plus réfléchir, elle ouvrit un petit chiffonnier d'ébène pour prendre l'autre boucle d'oreilles.

Quand elle la remit à l'homme tout noir, il jeta un cri d'admiration :

— Quoi ! madame, c'est la huitième merveille du monde, — après vous. — Quoi ! madame, c'est un pareil bijou qui court à cette heure le cabinet de travail, — je me trompe — le cabinet de toilette de Mlle Tournesol !

— Oh ! mon Dieu, monsieur, dit modestement l'Américaine, je ne suis pas si enthousiaste que vous de mes pendants d'oreilles, mais je serai tout de même bien heureuse de les ravoir tous les deux. Il me semble que je n'ai plus les balances de ma vie ; je penche d'un côté.

L'homme tout noir prit la boucle d'oreilles.

— Eh bien, madame, je rétablirai les balances comme si j'étais Salomon lui-même.

Sans doute, il avait peur que la dame ne se ravisât, car il salua et sortit sans lui laisser le temps de la réflexion.

Il ne revint pas.

VI

L'Américaine l'attendit comme elle avait attendu le prince Enderberg.

Deux jours après, elle crut comprendre.

Elle courut à la préfecture de police. M. Andrieux était absent ; elle demanda son secrétaire et fit passer sa carte. Le secrétaire lui donna audience à l'instant même ; elle parut surprise en entrant parce qu'elle ne voyait pas devant ses yeux l'homme tout noir, le secrétaire apocryphe.

Elle paraissait chercher des yeux.

— Le secrétaire de M. le préfet ?

— C'est moi, madame.

— C'est vous ! je suis volée !

Le secrétaire pensa qu'elle était folle. Elle conta ses deux mésaventures.

Le secrétaire ne pouvait s'empêcher de sourir parce que la comédie avait été bien jouée.

— Madame, dit-il à l'Américaine, le prince Enderberg est déjà loin de Paris. Je vais donner des ordres par le télégramme pour qu'il soit appréhendé au corps.

— A l'oreille ! monsieur le secrétaire, à l'oreille ! s'écria l'Américaine qui ne voulait pas se laisser abattre par le chagrin.

— Pour ce qui est de celui qui a pris mon titre, continua le secrétaire, j'espère que nous aurons le bras assez long pour mettre la main sur lui.

— Ah ! monsieur, que ne suis-je venue hier !

— Que voulez-vous, madame, il y a tant de rois détrônés et de princes sans emplois.

Or, que devenaient les diamants de l'Américaine pendant que la police cherchait le prince Enderberg qui avait disparu ?

Vers ce temps-là, on s'occupa beaucoup de Robert Amilton qui avait pris le haut du pavé. On avait parlé de ses chevaux ; on parla de ses femmes. Il ressemblait furieusement au prince Enderberg. Pourquoi ne remarqua-t-on pas que l'un arrivait toujours à Paris quand l'autre en sortait ?

Quand l'Américaine désespéra de revoir jamais ses fameux pendants d'oreilles, une voix secrète lui disait encore qu'il n'était pas impossible qu'elle ne les retrouvât. Elle ne quittait guère son amie d'outre-Manche qui, elle-même, ne pouvait s'imaginer que tout fût fini.

Les Indiens ont représenté l'espérance par un charmant symbole, c'est une figure à deux faces qui sourit encore même quand elle fuit ; on sent qu'elle s'en va, mais, comme elle vous regarde encore d'un air sympathique, qui sait si elle ne va pas rebrousser chemin ?

VII

Un matin, la dame aux diamants reçut une lettre que je vais donner ici telle quelle :

« *Madame,*

« *Vous avez dû être quelque peu surprise de ne pas me voir revenir l'autre soir avec votre diamant. J'aime à croire que vous n'avez aucune inquiétude. L'Impératrice l'a fort admiré. A la fin de la représentation, comme je voulais retourner chez vous, un de mes amis a eu la folie de me le prendre pour le montrer à une demoiselle de sa connaissance. Il devait revenir au foyer au bout d'une minute, pas une seconde de plus.*

« *Or, ladite demoiselle, qui joue avec le feu parce que c'est son métier, a gardé le diamant sous prétexte qu'elle l'avait laissé tomber dans son corsage ; la minute passée, j'ai couru au-devant de mon ami ; il m'a fallu aller jusqu'à la baignoire de ladite demoiselle.*

« J'ai trouvé son amant qui la rudoyait de la belle manière, mais elle ne voulait rien entendre. Elle s'indignait qu'il voulût la faire déshabiller. Elle me prit à témoin. Elle m'invita à souper, me disant qu'elle me remettrait le diamant.

« Je vous avoue que je voulais presque le prendre où il était ; ˙s, quoique prince, on a de la pudeur.

« J'avais d'ailleurs affaire à une gaillarde capable des scènes les plus violentes. J'ai jugé qu'il fallait la prendre, c'est-à-dire prendre le diamant, par la douceur. Mais en voici bien d'une autre : arrivé chez la demoiselle, je vis une femme qui venait de se trouver mal, qui voulait se jeter par la fenêtre ou se tirer un coup de revolver. Je croyais rêver tout éveillé.

« Où était le diamant ?

« On ne le trouva pas ce soir-là, ni le lendemain, ni le surlendemain. J'étais désespéré.

« Enfin, après trop longtemps, je reçois ce billet de Mlle Tournesol qui vous prouvera que j'ai été le jouet de la plus capricieuse des femmes.

« Agréez, Madame, l'expression de mes sentiments les plus respectueux.

« *Le prince* ENDERBERG. »

Après avoir lu cette lettre, l'Américaine, de plus

en plus surprise, déplia le petit billet de Mlle Tournesol.

« *Mon cher prince,*

« *Vous comprenez bien qu'une femme comme moi ne cède pas aux menaces d'un prince comme vous.*

« *Vous imaginez-vous donc que c'est la première fois que je remue des diamants ? mais j'ai nagé dans ces rivières-là.*

« *Vous m'avez offensée par vos soupçons, voilà pourquoi j'ai voulu vous punir en gardant la boucle d'oreilles. D'ailleurs, je savais que j'allais désoler une femme du monde, c'est toujours cela de pris sur l'ennemi.*

« *Aujourd'hui que je vous ai mis en pénitence vous et elle, je vous avertis que je vous remettrai ce soir la boucle d'oreilles que j'ai réchauffée dans mon sein...* »

L'Américaine n'acheva pas la lecture de cette lettre.

— L'insolente ! dit-elle en froissant le billet. Si je m'écoutais je ne porterais plus cette boucle d'oreilles. Voilà pourtant à quoi nous sommes exposées avec ces drôlesses qui voient les mêmes hommes que nous. Les hommes sont bien peu de chose pour se commettre avec de pareilles créatures.

L'Anglaise vint calmer l'Américaine :

— Consolez-vous, ma chère amie. Que vous fait l'orthographe de cette coquine? Vous allez avoir votre boucle d'oreilles. Que vous importe qu'elle l'ait réchauffée dans son sein ? Le diamant est trop pur pour ne pas se révolter de tels attouchements. Et maintenant que vous avez une boucle d'oreilles, il faut ravoir l'autre.

— Espérons, dit l'Américaine, que celle-là me sera rendue par la préfecture de police.

— Que pensez-vous du prince Enderberg ?

— Je pense que c'est un prince charmant, dont on dit beaucoup de bien et de mal, comme de tous les étrangers et de toutes les étrangères. Puisque le voilà revenu à Paris, c'est qu'on l'a calomnié.

L'Anglaise lut les deux lettres à vol d'oiseau.

— Oui, dit-elle, tout cela est vraisemblable, on invente pas des lettres comme celle de Mlle Tournesol.

VIII

Le soir même le prince Enderberg sonna chez l'Américaine.

Elle dormait sur sa chaise longue ; elle ne voulait pas recevoir, mais le désir de revoir sa boucle d'oreilles la réveilla.

Le prince, tout en la saluant, lui présenta une petite boîte de porcelaine de Saxe où la boucle d'oreilles était couchée dans du coton.

— Enfin, madame, j'ai pu ressaisir ce bijou. Il m'a semblé que depuis quelques jours je jouais un rôle de Lassouche dans une comédie du Palais-Royal. Je n'en dormais plus.

— Vous voyez, prince, dit l'Américaine d'un air dégagé, que je n'en avais pas perdu le sommeil, puisque votre coup de sonnette m'a réveillée d'un sommeil profond.

La dame avait repris sa boucle d'oreilles comme pour refaire connaissance avec elle ; puis, jetant son œil américain sur le prince pour étudier l'expression de sa figure, elle lui dit :

— Vous savez, prince, que j'ai perdu l'autre boucle d'oreilles ; si j'avais de la rancune je vous en voudrais beaucoup, car, après tout, c'est bien de votre faute.

— Que voulez-vous dire ?

Le prince avait l'air de ne pas comprendre. Il se fit conter l'histoire de l'homme tout noir, comme s'il ne le savait pas.

— Eh bien ! madame, dit-il en s'indignant tout haut, c'est à moi de vous rendre cette boucle d'o-reilles ; si on ne la retrouve pas, vous en demanderez une à M. Moïna ; mon devoir sera de la payer ; je suis, d'ailleurs, en compte avec lui.

— Jamais ! mon cher prince.

Le prince insista.

— Songez donc, madame, que je me trouverais trop récompensé par un sourire de vos yeux ; voilà deux vrais diamants incomparables. Et vos dents ! des perles fines s'il en fut.

L'Américaine sourit pour mieux montrer ses dents et ses yeux.

— Vous raillez, prince : pourquoi ne parlez-vous pas de mon épaule : du marbre de Paros, et de mes cheveux : des flots d'ébène.

— Je ne ris pas, dit le prince, je ne suis pas un sceptique, je suis tout de passion et d'enthousiasme ; aussi, quand je vous ai vue, pourquoi ne pas vous le dire, je suis tombé éperdument amoureux de vous.

— Pourquoi pas ? à Paris, l'amour pousse dans le cœur comme des champignons, mais il y a tant de champignons qui empoisonnent ! Ne me parlez pas de l'amour, j'en ai peur.

— Alors, qu'est-ce que vous faites de votre beauté ?

L'Américaine voulait dire : « Je la garde pour mon mari. » Elle se contenta de dire :

Je la garde pour moi.

— D'ailleurs, reprit-elle, ce n'est pas à vous que je confierais mon cœur, car vous iriez le perdre avec ces demoiselles.

Le prince avait pris des airs passionnés.

— Pouvez-vous me dire cela ? Mais si j'avais le droit de vous aimer je passerais ma vie à vos pieds. Je suis allé dans votre loge aux Italiens pour obéir à l'Impératrice, mais surtout pour obéir à mon cœur ; vous êtes de celles qu'on aime avant de les connaître.

A ce mot tant de fois imprimé, mais nouveau pour le Nouveau-Monde, l'Américaine sonna et demanda du thé.

Le prince comprit qu'il avait droit de cité dans la maison.

Se trompait-il ? Le plus souvent les Américaines sont très-expansives, mais très-malicieuses, ce sont des salamandres qui traversent le feu sans se brûler. Chez elles, le plaisir de la résistance est plus impétueux que le désir de l'amour. Mais elles ne pardonnent pas à un homme s'il ne tente de mettre leur vertu en danger. Elles ont raison. Il n'y a de vertu que là où il y a eu combat.

Je n'étais pas là quand le prince Enderberg et la belle Américaine prirent le thé ensemble ; ce n'était ni dans du vieux Saxe, ni dans du vieux Sèvre, ni dans du vieux Japon.

Mais pourtant, le prince a confié à Mme Tournesol, — l'indiscret! — que le thé de l'Américaine était exquis.

Un bonheur — j'ai failli dire une boucle d'oreilles — ne vient jamais seul.

Le lendemain du jour où l'Américaine avait pris le thé avec le prince, le commissaire du quartier Saint-Philippe-du-Roule demanda à parler à la dame.

Elle comprit qu'il serait sans doute question de son autre boucle d'oreilles ; aussi, quoiqu'elle fût encore couchée, elle s'habilla en toute hâte pour recevoir cette autre providence.

— Madame, lui dit-il, une personne qui désire garder l'anonyme ma prié de vous remettre cette boucle d'oreilles que vous avez perdue.

— Je vous remercie, monsieur, dit l'Américaine, mais je vous ferai remarquer que je n'avais pas perdu cette boucle d'oreilles : on me l'avait prise. Un homme qui osait se dire le secrétaire du préfet de police...

— Oui, madame, je sais toute cette histoire. Il y a là dedans un mystère singulier. Peut-être n'est-ce qu'un jeu. Quoi qu'il en soit, voilà votre seconde boucle d'oreilles. On sait déjà à la préfecture de police que le prince Enderberg vous a rapporté l'autre hier.

— En vérité, monsieur, vous avez des sorciers autour de vous, car c'est à peine si je le sais moi-même ; je ne l'ai dit à personne, je me suis endormie après la visite du prince, je me réveille pour vous recevoir, je me demande si ce n'est pas un rêve.

Le commissaire de police salua et sortit.

Quelques minutes après l'Anglaise entra.

— Ah! ma chère amie, lui dit l'Américaine, jetez-vous dans mes bras, j'ai mes deux boucles d'oreilles!

— En croirai-je mes yeux ?

On regarda les deux boucles d'oreilles.

— Et si on les avait changées en nourrice?

— Oh! je les reconnais bien! ne voyez-vous pas cette tache imperceptible dans le soleil et ce petit point noir sur la monture? Ah! mes chères boucles d'oreilles! il faut que je les embrasse.

Et l'Américaine porta les diamants à ses lèvres.

IX

A quelques jours de là, la dame aux diamants donna une petite fête carnavalesque.

Elle ne voulait avoir qu'une douzaine d'amies

avec une douzaine de cavaliers, mais ces deux salons du boulevard Malesherbes faillirent sauter par la fenêtre tant il y avait du monde.

Du meilleur et du plus mauvais, comme dans presque tous les salons ; naturellement les comédiennes de théâtre s'étaient mêlées aux comédiennes du monde, — le monde, — un bien meilleur conservatoire que le Conservatoire de déclamation.

La dame aux diamants n'était plus maîtresse chez elle tant on était entré de vive force à la faveur du masque, mais elle avait trop d'esprit pour se fâcher puisque tout le monde s'amusait. En toute chose, il faut aimer l'imprévu. Si l'almanach nous disait jour par jour nos actions futures, à peu près comme il indique la pluie et le beau temps, nous n'aurions aucun plaisir à vivre. Le hasard doit mener le bal comme le monde.

La belle Américaine était ravie de s'amuser sous le masque. Elle pouvait se risquer dans les conversations et dans les valses les plus éperdues.

Pourquoi la vanité lui avait-elle conseillé de mettre ses boucles d'oreilles ?

Elle ne voulait pas être reconnue dans ses hardiesses fantasques, mais elle ne voulait pas non plus passer pour une bourgeoise parisienne qui fait sa tête avec des pendants d'oreilles de mille francs.

Le prince parut un instant à la fête.

— Vous savez que je ne vous reconnais pas, dit-il à l'Américaine, mais ce n'est pas étonnant, je ne me reconnais pas moi-même au milieu de ce tohu-bohu ; prenez garde à vos boucles d'oreilles, car on va vous dire des choses si brûlantes qu'elles pourraient bien prendre feu.

Et, sur cette moquerie, le prince s'éclipsa.

Un jeune Turc, qui vivait à Paris sur les diamants et qui ne connaissait pas du tout la dame, lui dit en passant :

— Pourquoi, diable, as-tu deux morceaux de verres cassés à tes oreilles ? C'est dommage, car tu es bien habillée et bien déshabillée : *Worth fecit*.

— Que veux-tu dire avec ton verre cassé ? Je te conseille d'en donner de pareil à la femme qui aura le malheur de faire ton bonheur.

— Oh ! ma chère, je ne sais pas si j'aurai le malheur de faire le bonheur d'une femme, mais ma femme sera une vraie femme qui n'aura ni diamants faux, ni perles fausses.

Le jeune homme regardait de plus près les pendants d'oreilles.

— Vous êtes orfèvre, monsieur Josse, dit l'Américaine.

Et elle fit un demi-tour pour cacher sa colère.

— Cet animal-là ! pourquoi me dit-il que mes diamants sont faux ? Est-ce qu'il veut me les marchander ?

Au même instant, une nouvelle venue faisait bruyamment son entrée.

C'était Mlle Tournesol. Son amant de la dernière heure avait été forcé de la conduire à cette petite fête au lieu d'y conduire sa femme. Elle avait promis d'être sage, de parler correctement comme un académicien, de ne pas lever le pied, et de boire de l'eau si elle soupait.

Mais dès qu'elle fut entrée, elle oublia qu'elle n'était plus chez Laborde ; elle prit violemment un danseur de ses amis et l'entraîna dans une valse à tout casser. Comme elle était presque aussi décoltée qu'une femme du monde, comme elle avait des cheveux vénitiens, comme ses yeux flambaient sous le masque, tous les regards coururent à elle.

On mit en avant vingt noms du livre héraldique ; tout le monde avait la prétention de la connaître et de la reconnaître.

— Et vous ? dit l'Anglaise à son amie, me direz-vous son nom ?

L'Américaine était stupéfaite et ne répondait pas.

— Mais, regardez donc ses boucles d'oreilles, dit-elle à l'Anglaise.

16

— Oh! mon Dieu! ce sont les vôtres.

L'Américaine avait déjà deux fois porté la main à ses oreilles.

— Ces maudits diamants me feront mourir.

— C'est la comédie qui continue.

— L'Américaine se précipita du côté du Turc pour une consultation.

Pendant ce temps-là le valseur de Mlle Tournesol s'extasiait devant ses boucles d'oreilles.

— C'est singulier, lui dit-il, il y en a de toutes pareilles dans cette fête : c'est à s'y méprendre.

— Que me dites-vous là ! c'est un prince qui me les a données.

— Et bien ! c'est peut-être lui qui a donné les pareilles à Mme ***.

La valse était finie, Mlle Tournesol prit le bras de son valseur en le priant de la conduire du côté de la dame.

— Est-ce que vous voulez lui arracher les yeux ?

— Non, les oreilles.

Justement l'Américaine, qui avait pris le bras du Turc, venait du côté de Mlle Tournesol. Je vous laisse à penser quelle fut la rencontre de ces deux astres.

On eut cent yeux pour se dévisager.

— Quelle est donc cette femme qui a des boucles d'oreilles comme moi ? dirent-elles toutes les deux.

Et toutes les deux ajoutèrent :

— Les siennes sont fausses.

L'Américaine se pencha vers le Turc.

— Eh bien ! monsieur Jose, que pensez-vous des diamants de cette dame ?

— Mon Dieu, madame, il ne faut pas avoir remué beaucoup de diamants pour affirmer que cette dame déshonore ses oreilles comme vous déshonorez les vôtres.

— C'est impossible !

— Madame, je vous jure que ce sont des bouchons de carafe admirablement taillés et admirablement montés. On appelle ça aujourd'hui du diamant américain. J'aime autant deux gouttes d'eau de la chute du Niagara.

Quoique le valseur de Mlle Tournesol ne fût pas marchant de diamants, il se hasarda à lui dire :

— Ce n'est pas vrai, n'est-ce pas, tous ces diamants-là ?

— Ce n'est pas vrai !

Un point d'exclamation de la plus belle encre !

— Ce n'est pas vrai ! Mais pour qui me prenez-vous ? pour une rosière ? Ceux de cette dame je ne dis pas, mais les miens !

Et, s'approchant de la dame, Mlle Tournesol lui dit à brûle-corsage :

— N'est-ce pas, ma petite, que mes diamants sont vrais et que les tiens sont faux ?

— Madame, répondit l'Américaine, j'allais vous dire la même chose.

Le Turc voulut les mettre d'accord en leur disant la vérité, mais ni l'une ni l'autre n'en voulait démordre jusqu'au moment où un éclair traversa à la fois l'esprit des deux femmes.

— Nous sommes jouées, s'écria Mlle Tournesol ; je suis furieuse d'avoir été la dupe du prince Enderberg.

Elle détacha ses boucles d'oreilles, les jeta devant elle et les piétina.

— C'est égal, dit le valseur, je vous les ramasse toujours, car si les diamants étaient vrais !

L'Américaine était presque évanouie.

— Et pourtant, dit-elle tristement, j'avais deux pendants d'oreilles qui avaient coûté deux cent cinquante mille francs. Qui donc les a ?

Celui qui les avait c'était le prince Enderberg.

Il disparut tout à fait le lendemain au point du jour. On dit qu'il continue à d'iamanter à Vienne, mais comme dit Mlle Tournesol « Va-t-en voir s'ils reviennent tous ces coquins en habit noir. »

LA REINE DE GOLCONDE

LA
REINE DE GOLCONDE

Au beau milieu du xvIIIe siècle, par une fraiche et rayonnante matinée, un gentilhomme de vingt ans s'abandonnait, aux alentours de Lunéville, au galop aventureux d'un cheval anglais enivré par la course et par le parfum des bois. Une vingtaine de chiens de chasse de toutes formes et de toutes couleurs, éparpillés dans la vallée, se répondaient par de joyeux aboiements. Il les suivait du regard, sans s'inquiéter du dégât de leurs courses vagabondes. Qu'importe la moisson future, quand la fleur nous éblouit et nous enivre, quand on est heureux de toutes ses forces et de tout son cœur ? Tout homme, une fois en sa jeunesse, une seule fois peut-être, a saisi au passage, dans une étreinte rapide, ce bonheur qui a sur le front un rayon printanier et sur les lèvres la rosée des primevères.

Ce gentilhomme était le chevalier Stanislas de Boufflers, qui avait vécu jusque-là à la cour de Lunéville, sous les yeux de sa mère, la célèbre marquise de Boufflers (1). Il avait vécu sans souci, étudiant en plein vent, assez mal gouverné par l'abbé Porquet, « qui ne savait pas son *Benedicite*, quoiqu'il fût aumônier du roi de Pologne. » Comme on voit, Boufflers avait eu, dans sa mère et dans son gouverneur, deux maitres qui pardonnaient tout à l'esprit. Or, le jeune chevalier de Bouflers savait bien se faire pardonner.

Son temps se passait en promenades à cheval, en belles chasses, en fêtes dansantes. « En pensant à cette cour de Lunéville, dit Boufflers devenu

---

(1) La maitresse du roi Stanislas, femme du capitaine des gardes de ce prince, mère du chevalier. Fort jolie femme, plus galante encore, et, s'il est possible, encore plus incrédule, elle ne concevait pas comment on pouvait aimer Dieu. « Oh ! non, s'écriait-elle un jour, je sens que je ne l'aimerai jamais. — Ne jurez rien, lui dit son fils ; si Dieu se faisait homme une seconde fois, vous l'aimeriez tout comme un autre. »

Mlle Arnould, ayant appris la conversion de Mlle Luzy, de la Comédie-Française, s'écria : « Oh ! la coquine, elle s'est faite sainte dès que Jésus s'est fait homme. » Rien, comme on le voit par ce rapprochement, ne ressemblait aux propos de cour comme les propos de coulisses. C'est toujours de la comédie ; et, si ce ne sont pas les mêmes acteurs, c'est bien le même public qui paye.

vieux, je crois plutôt me souvenir de quelques pages d'un roman que de quelques années de ma vie. » C'était un beau garçon ayant toujours la saillie ou le madrigal sur les lèvres. Il dansait à merveille, peignait joliment, ne jouait pas trop mal du violon, abattait noblement un chevreuil. J'allais oublier de dire qu'il ramassait çà et là, au pied de la table de la cour, dont les convives étaient Voltaire, M*me* du Châtelet, Montesquieu, Saint-Lambert, le président Hénault, M. de Tressan, M*me* de Grammont, quelques miettes de science et de littérature. L'abbé Porquet lui-même, quoique son gouverneur, parvint de temps en temps à surprendre la paresse du chevalier. L'abbé Porquet était quasi homme de lettres; il ne lui manquait guère que de l'esprit, de la science et de l'imagination. Il apprit tout ce qu'il savait à son élève; il lui arrivait même quelquefois de le conduire dans un monde inconnu à tous les deux : dans la métaphysique transcendante, dans la philosophie surhumaine. Ainsi, le matin où nous voyons Boufflers emporté par son beau cheval, l'abbé Porquet lui avait posé cette question mille fois résolue par les plus grands esprits, et partant toujours à résoudre : *Quel est ici-bas le souverain bien ?* « Je suis bien aise d'étudier cette grave question, avait dit Boufflers. Pour cela,

je vais monter à cheval et aller rêver au grand air. »
Et il était parti avec ses chiens, laissant l'abbé sur
ses jambes. Le brave aumônier, le voyant disparaître dans la poussière du galop, s'était dit en
hochant la tête : « Voilà un garçon qui passera sa
vie à cheval, mais qui ne fera jamais son chemin. »

Reprenons notre course avec le chevalier. Qui
sait d'ailleurs si nous n'allons pas trouver avec lui à
résoudre la question de l'abbé ? Après mille bonds
sur les verts chemins, à travers les bois et les blés,
le cheval s'arrêta tout d'un coup, au coin d'un petit
bosquet d'ormaie et de chênaie. Il avait si bien
couru depuis trois heures, que son cavalier ne songea point à l'éperonner. Il sauta gaiement sur
l'herbe, le débrida et lui conseilla de brouter au
bord du bois. Pour lui, après avoir appelé quelques
chiens, il se mit à déjeuner avec une perdrix et du
pain, le tout arrosé de quelques gorgées d'eau à la
fontaine voisine. « Un cheval, un chien, un peu
d'herbe à l'ombre, voilà le souverain bien, » murmura-t-il après sa première libation.

Il faut peindre d'un seul trait le paysage où se
trouvait si heureux notre chevalier : un petit vallon
fuyant entre deux collines couronnées de grands
arbres touffus; un petit hameau gaiement éparpillé
à l'horizon, où l'œil s'arrêtait sur une aiguille de

clocher; dans le vallon, un peu de bois encadrant les blés verts et les sainfoins rouges ; çà et là un verger tout blanchi par la floraison, une grande prairie où serpentait nonchalamment un ruisseau, quelques ponts rustiques, un troupeau paisible de vaches rousses et brunes ; en regard du petit hameau, un château lointain dont on ne voyait, au-dessus du bois, que les tourelles grisâtres ; enfin, par-dessus tout cela, le sourire du ciel, le baiser du soleil, le chant de l'alouette, la joie épanouie de la nature. « Oui, reprit Boufflers, en jetant toute son âme à la vie, un cheval, un chien... »

La parole s'arrêta sur ses lèvres malgré lui. Une fraîche paysanne, rayonnant de la beauté du diable, venait de lui apparaître, comme par magie, à la lisière du bois, en petit bonnet mutin et léger, en blanc corset et en cotillon rouge, avec un pot au lait à la main. « A merveille ! dit-il en se soulevant pour la mieux voir ; on dirait que je suis dans une fable de La Fontaine. J'oubliais qu'après le cheval et le chien il faut compter la femme pour le souverain bien. Celle-ci vient tout à propos. »

Il vit avec une joie du cœur qu'elle venait de son côté pour passer le ruisseau sur un petit pont de planches, ou plutôt sur deux planches servant de pont aux pieds alertes. Il se leva pour aller à sa rencontre. Que lui dit-il ? que lui répondit-elle ? Je n'étais pas là. S'il faut l'en croire, il lui trouva une très jolie bouche ; partant beaucoup d'esprit. Elle s'appelait Élisabeth, il l'appela Aline ; elle avait seize ans ; c'était la fille d'un fermier du vallon. Le chevalier lui voulu baiser le cou, ce beau cou de seize ans ; pêche encore verte ; mais déjà douce aux lèvres ! Le cheval hennit, les chiens aboyèrent. Elle se défendit comme un oiseau qui échappe à l'oiseleur ; le pot au lait tomba ; elle poussa un joli cri aigu, mais le baiser était pris. « Ah ! mon Dieu ! dit-elle avec un effroi enfantin en relevant son pot, voilà plus de la moitié du lait par terre ! — Attendez, dit Boufflers, ce n'est qu'un demi-malheur. »

Il alla remplir le pot à la fontaine. Il revint si gai, si tendre et si fou, il parla si bien sans raison, qu'Aline se laissa attarder durant une heure ; elle l'écoutait avec une ravissante surprise, comme un doux murmure de fontaine, comme un gazouillement de bouvreuil. C'était mieux que tout cela : c'était l'amour qui parlait. Jamais l'amour n'avait pris la parole sur un plus beau théâtre. La brise, encore fraîche, répandait un parfum de bonheur idéal ; les abeilles bourdonnaient gaiement sur les sainfoins ; les demoiselles frappaient de leurs ailes d'or les verts nénuphars du ruisseau ; de beaux pigeons blancs venaient familièrement mouiller dans la rosée leurs jolies pattes roses. « Ma chère Aline, je voudrais bien être votre frère (ce n'est pas cela que je voulais dire). — Et moi, je voudrais bien être votre sœur. — Ah ! je vous aime pour le moins autant que si vous l'étiez. » En écoutant cela, elle se laissa embrasser une seconde fois sans trop de mauvaise volonté. Tout en parlant, Boufflers se pencha au bord du ruisseau, cueillit une marguerite blanche et rose, une tige de primevère à trois fleurs, une verte feuille de roseau, un brin de thym et de marjolaine, un *souvenez-vous de moi*, quelques autres fleurettes ; et, nouant le bouquet avec un brin de jonc : « Je voudrais vous offrir cela avec un trône..... Mais, poursuivit-il en attachant le bouquet au corsage d'Aline, ce bouquet n'en serait pas mieux placé. »

Aline disait à chaque instant qu'elle allait partir : « Il faut pourtant que je m'en aille ! » mais elle demeurait toujours, les pieds enracinés dans l'herbe, le regard flottant dans le ruisseau. Des bûcherons vinrent à passer. « Adieu, dit-elle tristement. — Adieu, ma chère Aline. — Adieu ! — Adieu. »

Elle prit l'anse de son pot ; elle soupira et s'éloigna lentement « Ah ! dit Boufflers, que ne puis-je aller partout avec elle, toujours avec elle ! » Il la suivit du regard ; elle se retournait à la dérobée, mais bientôt elle se perdit sous un bouquet de hêtres. Il entrevit encore son petit bonnet mutin, son léger cotillon, une main qui faisait un dernier signe d'adieu ; enfin elle disparut tout à fait.

Le chevalier sans peur et sans reproches s'élança sur son cheval, siffla ses chiens, et reprit, tout en soupirant, le chemin de Lunéville. Un peu avant d'arriver, il rencontra au pied d'un vieil orme le grave abbé Porquet, qui lisait saint Augustin avec ardeur. « Je veille sur vous d'assez loin. D'où venez-vous, mon cher vagabond ! lui cria l'abbé en se levant. — J'ai pris sans vous, ne vous déplaise, une leçon de philosophie; vous m'avez beaucoup parlé du souverain bien ; j'ai trouvé trois choses aujourd'hui : le cheval, le chien et la femme. — Saint-Augustin, mon cher chevalier, a compté deux cent quatre-vingt-huit opinions sur ceci : nul philosophe ne pourra s'accorder sur ce chapitre. Selon Cratès, le souverain bien, c'est une heureuse navigation ; selon Archytas, c'est le gain d'une bataille ; selon Chrysippe, c'est bâtir un superbe édifice ; selon Épicure, c'est la volupté; selon Palémon, c'est l'éloquence ; selon Héraclite, c'est la fortune ; selon Simonide, c'est l'amitié d'un chacun ; selon Euripide, c'est l'amour d'une belle femme. Les anciens philosophes ne sont pas plus sages que vous, monsieur

le chevalier. Nous allons, s'il vous plaît, en retournant au logis, poursuivre notre leçon. Le souverain bien, c'est Dieu, monsieur, Dieu seul, qui peut à toute heure et en tout temps répondre aux aspirations de notre âme ; tout le reste n'est que fragilité. Qu'est-ce que l'amitié humaine ? qu'est-ce que la gloire d'une bataille ? qu'est-ce que l'amour d'une belle femme ? un peu de fumée qui passe et nous aveugle. Tout est vain, tout est trompeur. Là où l'un cherche la liberté, il ne trouve que l'esclavage qu'entraînent les grandeurs ; là où l'autre cherche la paix dans la solitude, il ne trouve qu'inquiétudes et agitations ; là où celui-ci cherche la volupté, il ne recueille qu'amertume. Faux biens, ombres, illusions ! L'âme est faite pour le ciel ; tout ce qui lui vient d'ici-bas est indigne d'elle. L'âme est faite pour aimer Dieu, pour retourner au ciel, sa vraie patrie. Dieu s'est révélé partout, aux nations les plus barbares ; écoutez Sénèque : *Nulla quippe gens unquam...*
— Ah ! pardieu ! mon cher abbé, si vous parlez latin, c'est que vous ne savez plus ce que vous dites : pour moi, je n'écoute plus. — Allons, pour une phrase latine que je sais ! je vous en passe bien d'autres. — Au bout du compte, je suis de votre avis : le souverain bien, c'est Dieu ; mais Dieu est bien haut placé pour moi, et, en attendant que je

monte au ciel, vous ne trouverez pas mauvais, monsieur l'abbé, que je cherche le souverain bien dans une belle femme, un beau cheval et un beau chien. Ah ! si vous saviez le gai soleil qu'il faisait là-bas, surtout quand nous étions à l'ombre ! Aline ! Aline ! que ne puis-je vous aimer ainsi tous les jours de ma jeunesse ! — Allez, profane ; allez, pécheur, lâchez la bride à vos mauvaises passions. » Là-dessus, Boufflers éperonna son cheval.

C'en était fait de lui ; il avait trouvé le souverain bien des profanes : l'amour ! la poésie ! Ce jour-là, le seul de toute sa vie, il fut amoureux, il fut poète ! Pourtant une autre fois encore, dans sa vieillesse, nous le retrouvons poète, grâce à ce magicien sublime qui s'appelle le souvenir.

II

Le reste du temps, Boufflers, abbé, chevalier ou marquis, n'a été qu'un homme d'esprit plus ou moins rimeur ; il s'est contenté de l'héritage des Grammont, des Belle-Garde, des Saint-Aulaire, des Richelieu. Il y a beaucoup d'abbés, de chevaliers et de marquis, j'imagine, qui vivaient avec quelque faste en plus petit héritage.

Boufflers n'eut pas le temps de retourner dans la

vallée du pot au lait. Au bout de quelques jours, il lui fallut partir pour Paris, selon les ordres du roi Stanislas. Qu'allait-il faire de lui à Paris? « Un évêque, » disait sa mère. Il entra bravement au séminaire de Saint-Sulpice, une chanson gaillarde sur les lèvres. Le séminaire n'était plus tout à fait la vallée de Lunéville; on n'y rencontrait pas au matin, dans le sourire du soleil, une jolie laitière en cotillon rouge. L'abbé se mit bientôt à regretter sa liberté, son cheval et ses chiens. Comme il ne pouvait pas prier Dieu de bonne foi, il ne le priait pas du tout : c'était plus simple et plus catholique. Il voulut sortir de là : comment faire? comment sortir sans scandale? Encore si c'était un joli scandale! Boufflers tint conseil avec lui-même : il imagina d'écrire son histoire avec Aline ; il tailla sa plume et s'abandonna à elle. « Je m'abandonne à vous, ma plume ; jusqu'ici mon esprit vous a conduite, conduisez aujourd'hui mon esprit et commandez à votre maître. Contez-moi quelque histoire que je ne sache pas. Il m'est égal que vous commenciez par le milieu ou par la fin. » Voilà le plus joli début de conte français. Ce qu'il y a d'étrange, c'est que la plume, ainsi maîtresse d'un esprit indocile, commence tout simplement par le commencement. Mais poursuivons : « Pour vous, mes lecteurs, je

17

vous avertis d'avance que c'est pour mon plaisir et non pour le vôtre que j'écris. Vous êtes entourés d'amis, de maîtresses et d'amants : vous n'avez que faire de moi pour vous amuser ; mais moi, je suis seul et je voudrais bien me tenir bonne compagnie à moi-même. » Tout le conte est sur ce ton charmant. Il aurait douze volumes qu'on les lirait avec délices ; mais il contient à peine douze pages. Vous comprenez bien que la plume n'a rien de mieux à raconter que l'histoire du pot au lait ; peu à peu, enhardie par la vérité de la première page, elle se lance dans toutes les fantaisies du mensonge ; elle cherche à abuser Boufflers en lui présentant sous de douces métamorphoses l'image toujours souriante d'Aline : d'abord c'est une marquise adorable, ensuite une reine de Golconde, enfin une petite vieille encore aimable, vêtue de feuilles de palmier. Vous verrez tout à l'heure que le temps se chargea de faire presque une histoire de ce conte. C'est tout l'œuvre de Boufflers ; ce qu'il a écrit à la suite n'est qu'une légère arabesque faite pour encadrer ce joli tableau au pastel.

Boufflers ne restait guère à Saint-Sulpice : il allait dans le monde, dans le beau monde ; il allait même à Versailles. Selon Bachaumont, il lut son conte à Mme de Pompadour. Elle fut si ravie de la laitière,

qu'elle eut, dès ce jour, l'idée d'avoir des vaches à
Trianon, de les traire avec ses jolies mains presque
royales, de revêtir en certains jours d'ennui le
blanc corset et le cotillon rouge, afin de séduire
encore une fois Louis XV sous cette fraîche métamorphose.

En moins de quelques semaines, le conte se ré-
pandit de bouche en bouche, de grand seigneur à
marquise. Plus de mille manuscrits s'éparpillèrent à
Versailles et à Paris. Le séminaire de Saint-Sulpice
lui-même n'en fut pas exempt. Tout le monde s'indignait et battait des mains, Boufflers tout le premier. Le conte fut imprimé et signé des initiales de
l'auteur ; alors, le scandale dépassant les bornes du
séminaire, l'abbé de Boufflers redevint le chevalier
de Boufflers. Un beau matin, il mit de côté le petit
collet, monta à cheval et partit bravement, l'épée
au côté, pour la campagne de Hanovre. Le roi
Stanislas lui avait, dès l'enfance, donné quarante
mille livres de revenu en bénéfices. Comment un
abbé peut-il abandonner de pareils bénéfices? Ras-
surez-vous. Tout en prenant l'épée, il prit aussi la
croix de Malte, le droit étrange d'assister à l'office
en surplis et en uniforme, offrant par là le spectacle
bizarre d'un prieur capitaine de hussards. Il écrivit
à ce sujet une lettre que Grimm cite tout entière.

En voici la plus jolie page :

« J'étais dans la route de la fortune ; qui sait si quelques intrigues de plus ne m'auraient point mis à la tête du clergé ? Mais j'ai mieux aimé être aide de camp de l'armée de Soubise : *Trahit sua quemque voluptas*. Comptez-vous pour rien le cri d'indignation qui s'était élevé contre la liberté de ma conduite ? « Ce sont les sots qui crient, me direz-vous. » Tant pis, vraiment ; il vaudrait bien mieux que ce fussent les gens d'esprit : cela ferait moins de bruit. Les sots ont l'avantage du nombre, et c'est celui-là qui décide. Nous aurons beau leur faire la guerre, nous ne les affaiblirons pas : ils seront toujours les maîtres, ils resteront toujours les rois de l'univers, ils continueront toujours à dicter les lois. Il ne s'introduira pas une pratique, pas un usage, dont ils ne soient les auteurs. Enfin, ils forceront toujours les gens d'esprit à parler et presque à penser comme eux, parce qu'il est dans l'ordre que les vaincus parlent la langue du vainqueur. D'après l'extrême vénération dont vous me voyez pénétré pour la toute-puissance des sots, ai-je tort de chercher à rentrer en grâce avec eux, et ne dois-je pas regarder comme le plus beau moment de ma vie celui de ma reconciliation avec les souverains du monde. Pardonnez-moi de m'égayer un peu dans le cours de mes raisonnements ; c'est pour m'aider, et vous aussi, à en supporter l'ennui. D'ailleurs, Horace, votre ami et votre modèle, permet de rire en disant la vérité, et le premier philosophe de l'antiquité n'était sûrement pas Héraclite. J'aurais pu, me direz-vous, d'après mon respect pour l'avis des sots, quitter mon état sans en prendre un autre ; mais les sots m'ont dit qu'il fallait avoir un état dans la société. Je leur ai proposé celui d'homme de lettres ; ils m'ont dit de m'en bien garder, parce que j'avais trop d'esprit pour cela. Je leur ai demandé ce qu'ils voulaient que je fisse, et voici ce qu'ils m'ont répondu « Il y a quelques siècles que nous avons voulu que tu fusses « gentilhomme ; nous voulons à présent que tout gentilhomme aille à la guerre. » Là-dessus je me suis fait faire un habit bleu, j'ai pris la croix de Malte et je pars. »

Boufflers fut brave à la guerre, plein de folie et de gaieté, mais trop philosophe. Après un coup d'épée, il réfléchissait : un soldat ne doit pas réfléchir sur le champ de bataille. Boufflers, d'ailleurs, fut toujours à côté de chacun de ses états : abbé libertin, soldat philosophe, courtisan satirique, diplomate chansonnier, républicain courtisan. En 1792, il émigre, et, du fond d'une solitude sauvage, il entreprend de défendre la liberté, il écrit un livre sur le libre arbitre ; à la fin de sa carrière, après avoir bien parcouru le cercle des folies, il écrit sur *la raison humaine* en vrai style d'académicien. O Boufflers ! que vous étiez loin d'Aline !

Après la campagne de Hesse, il fit un voyage en Suisse, le bâton à la main, son équipage sous le bras, vrai voyage d'artiste. Ce voyage, vous l'avez lu dans les lettres à sa mère, lettres charmantes dont chaque mot dit quelque chose. Comme peintre de portraits au pastel, Boufflers a obtenu à Genève des succès sans nombre ; il ne demandait qu'un petit écu pour peindre un mari, mais il faisait le portrait de la femme par-dessus le marché.

Au retour du voyage en Suisse, le maréchal de Castries le fit nommer gouverneur du Sénégal et de l'île de Gorée. Là-bas, tout le monde fut content sous ses ordres, excepté lui-même, qui revint bientôt se livrer corps et âme, comme naguère, aux enivrements d'une folle jeunesse toute fleurie d'amourettes, de saillies et de petits vers Sa jeunesse dura jusqu'à près de cinquante ans ; il semblait que le temps passât sans l'atteindre. Il fut du petit nombre de ceux qui ont trente ans durant un quart de siècle. Il suivait avec religion toutes les frivolités de la mode : étoffes à trois couleurs, broderies d'or et d'argent, paillons et paillettes, perruques à

queues et à frimas ; enfin, comme il le disait lui-
même, on avait trouvé alors le secret important de
mettre sur le dos d'un homme une palette garnie
de toutes les teintes et de toutes les nuances. « Ces
habits, disait Grimm, donnent à nos jeunes gens de
la cour un avantage décidé sur les plus belles pou-
pées de Nuremberg. »

En 1788, un peu fatigué du bruit, de la toilette,
des fêtes et des femmes, Boufflers, prenant enfin
son parti sur l'âge, se décida à avoir cinquante
ans : il fit ses visites pour l'Académie. Déjà il était
des académies de Nancy et de Lyon. L'Académie
française l'accueillit en vieil enfant gâté. Son
discours fut péniblement gravé : il remonta au
déluge, à la création du monde, au chaos ; c'était
faire bien du chemin pour ne pas arriver. Ici finit
Boufflers, le vrai Boufflers, dont l'histoire gardera
un souvenir riant. L'Académie fut le tombeau de
cet esprit, qui pouvait lutter par la grâce avec
Hamilton, par le trait avec Voltaire. Donc, *ci-gît le
chevalier de Boufflers :* l'Académie en a tué plus
d'un.

III

Il y a bien encore un autre Boufflers, connu sous
le nom de marquis de Boufflers, qui se maria, qui

fut député de Nancy aux États généraux, qui fonda un club avec Malouet et La Rochefoucauld, qui fit un traité du *Libre Arbitre*, qui devint agriculteur, qui mourut gravement en 1815 (1); mais celui-là n'a rien de commun avec le nôtre. C'est le même, dites-vous ; c'est toujours le Boufflers qui aima si poétiquement la belle Aline dans la vallée au pot au lait. Vous avez raison : vous me rappelez un dernier trait que je vais vous raconter ; mais, avant tout, un mot en passant pour juger l'œuvre et le poète.

Boufflers a été l'âme enjouée de ce beau monde perdu que 1790 a dispersé à jamais, ce beau monde qui vivait de joies et de fêtes sans souci de la mort. Il a effleuré dans ces courses vagabondes le règne doré de Mme de Pompadeur, le gouvernail pourpré de Mme Dubarry, la grâce adorable de Marie-Antoinette ; il a été l'esprit le plus recherché de la cour du roi de Prusse et du roi de Pologne. Il était partout dans la même saison, sur tous les chemins ; il a été le plus intrépide voyageur en terre ferme de son temps. On disait de lui : « C'est le plus errant

---

(1) Il mourut à Paris, et fut enterré au Père-Lachaise, où l'on reconnait sa tombe à cette épitaphe digne d'un sage de la Grèce : *Mes amis, croyez que je dors.*

des chevaliers ; » et tout le monde sait le mot charmant d'un autre esprit moins français. M. de Tressan le rencontre sur une grand'-route : « Chevalier, je suis ravi de vous trouver chez vous. »

En feuilletant au hasard le léger recueil de Boufflers, de Voisenon le grand, comme disait Saint-Lambert, nous allons retrouver l'écho déjà vieilli de son temps, les roses sans parfum dont il ornait le corsage de ses nobles maîtresses.

Mais faut-il aller plus loin dans son œuvre ? Sa seule fantaisie digne d'un poète, c'est la pièce intitulée *le Cœur*, où l'esprit fait presque pardonner à la licence. Champfort appelait tout cela des Meringues. Tout cela peut passer, quand c'est le poète lui-même qui le dit à une duchesse oisive ; mais ces gais gazouillements ne peuvent se faire bien écouter sans la mise en scène. C'était là le charme de cet improvisateur, ayant toujours un peu de rime et un peu d'esprit à son service, tour à tour pour la princesse de Ligne, pour Mme de Luxembourg, pour la chatte de Mme ***, pour l'Arcadie de la princesse Radziwil, pour tout ce qui le charmait au passage.

Après avoir cotoyé la poésie légère, il s'est avisé de traduire les odes d'Horace, des pensées de Sénèque, quelques vers du *Paradis* de Dante, quelques stances de l'Arioste : que ces poètes lui pardonnent ! il a traduit les idées, il n'a pu reproduire la couleur, qui est la vie, l'éclat et la parfum de toute poésie.

Après les vers vient la prose, qui n'est pas de la plus mauvaise : rappelez-vous les lettres, rappelez-vous *Aline*. Il y a d'autres lettres et d'autres contes ; on peut trouver encore du charme à relire le *Derviche*, *Ah ! si...*, quelques pages de philosophie arrachées à l'*Encyclopédie* et à son livre du *Libre Arbitre*. Ce livre, tel qu'il est, mérite une mention. Plus jeune, Boufflers eût fait sur ce sujet un livre charmant à la façon de Sterne. Il déclare en commençant qu'il marche dans des régions inconnues, vers un but invisible ; dès le premier pas, il s'égare dans les mille sentiers de la métaphysique : il lui eût fallu toute sa jeunesse pour fleurir ces chemins-là et nous y entraîner ; cependant il a conservé çà et là le tour ingénieux, la grâce délicate, la raison égayée de son meilleur temps. Il n'illumine guère la question, mais enfin il y pénètre quelquefois avec bonheur ; il jette au hasard, j'imagine, des idées qui sont des images, des raisonnements qui sont des tableaux. L'esprit humain ne s'élèvera jamais à ces hauteurs inabordables.

On pourrait recueillir les pensées que Boufflers a semées sur les grands chemins.

⁎ Il en est des trésors de la pensée comme des autres : on devient plus avide à mesure qu'on est plus riche.

⁎ Le philosophe privé de ses biens ressemble à l'athlète dépouillé pour le combat.

⁎ En fait d'esprit, personne ne sait son compte. Ce qu'il y a de plaisant, c'est que les plus pauvres sont les plus contents.

⁎ Seul entre tous, l'homme de lettres peut, suivant la belle expression d'un ancien, vivre à vœu découvert.

⁎ L'habitude est une seconde nature ; il y en a peut-être une troisième, qui s'appelle l'imitation.

⁎ La renommée aime qu'on lui fasse des avances ; il y a tels personnages dont elle ne saurait que dire, si eux-mêmes ne prenaient la peine de lui faire son thème.

⁎ L'espérance est un à-compte sur tous les biens.

⁎ Les rois aiment mieux être divertis qu'adorés. Il n'y a que Dieu qui ait un assez grand fond de gaieté pour ne pas s'ennuyer de tous les hommages qu'on lui rend.

Parmi les divers portraits écrits sur Boufflers, je détache ces quelques traits, dus au prince de Ligne, qui savait à fond le cœur et l'esprit de tout le monde.

« M. de Boufflers a beaucoup pensé ; mais, par malheur, c'est toujours en courant. On voudrait pouvoir ramasser toutes les idées qu'il a perdues avec son temps et son argent : peut-être avait-il trop d'esprit pour qu'il fût en son pouvoir de le fixer, quand le feu de sa jeunesse lui donnait tout son essor. Il fallait que cet esprit fût tout de lui-même et maîtrisât son maître ; aussi a-t-il brillé d'abord avec tout le caprice d'un feu follet, une profonde finesse, une légèreté qui n'est jamais frivole. Le talent d'aiguiser les idées par le contraste des mots, voilà les qualités distinctes de son esprit, à qui rien n'est étranger. Heureusement, il ne sait pas tout ; il a pris la fleur des diverses connaissances, et surprendra par sa profondeur tous ceux qui le savent léger, et par sa légèreté tous ceux qui ont découvert combien il pouvait être profond. La base de son caractère est une bonté sans mesure ; il ne saurait supporter l'idée d'un être souffrant, il se priverait même de pain pour nourrir un méchant, et surtout son ennemi ! *Ce pauvre méchant !* dirait-il. Il avait dans une terre une servante que tout le monde lui dénonçait comme voleuse : malgré cela, il la gardait toujours ; et quand on lui demandait pourquoi, il répondait : « Qui la prendrait ? » Il a de l'enfance dans le rire, la tête un peu baissée, les pouces qu'il tourne devant lui comme Arlequin, ou les mains derrière le dos, comme s'il se chauffait ; des yeux petits et agréables, qui ont l'air de sourire ; quelque chose de bon dans la physionomie ; du simple, du gai, du naïf dans sa grâce. Il a quelquefois l'air bête de La Fontaine. On dirait qu'il ne pense à rien lorsqu'il pense le plus. Il ne se met pas volontiers en avant, et n'en est que plus piquant lorsqu'on le recherche. La bonhomie s'est emparée de ses manières, et ne laisse percer sa malice que dans ses regards et son sourire ; il se défie tellement de son talent pour l'épigramme, qu'il penche peut-être, en écrivant, du côté opposé. Il a l'air de prodiguer des louanges pour empêcher la satire d'éclore. »

Ce croquis bien étudié représente Boufflers aux approches de la vieillesse ; Boufflers devenu académicien, père de famille, homme politique.

Malgré son culte pour la liberté, il déserta la Législative au 10 août ; il partit avec sa famille, en vrai philosophe qui se soumet à tout, pour la cour de Prusse, où il fut accueilli à bras ouverts par le prince Henri. De là il passa à la cour de Pologne, où il voulut fonder une colonie française. Son émigration, qui dura huit ans, fut très supportable. Il vécut, quoique à la cour et en temps de guerre, dans le silence, presque dans l'étude ; jouant avec sa fille, et lui apprenant comment on joint, tant bien que mal, la rime à la raison ; aimant sa femme, qu'il avait prise veuve et belle, sans trop d'esprit ; se promenant au grand air, pluie ou soleil, selon son habitude. Quoique à peu près exilé, il avait encore des chevaux et des chiens : il fut donc le moins à plaindre de tous les émigrés.

En 1800, il rentra en France (1), mais non plus courtisan ni député : à peine s'il fut encore académicien. Il était fort désabusé des vanités humaines. Il se réfugia dans un petit château qu'il transforma presque en ferme ; il devint agriculteur dans toute la simplicité des patriarches. Il bâtit un peu, planta beaucoup, cultiva à sa guise, c'est-à-dire en optimiste. Ses moissons furent belles, belles furent ses vendanges. Il était demeuré fidèle à l'amitié, qui le venait visiter dans les beaux jours. « Voilà mon dictionnaire de rimes, disait-il en montrant sa charrue et sa herse. Voilà mes poésies, disait-il en montrant ses blés, ses colzas, ses luzernes et ses avoines. Ici, poursuivait-il, je suis toujours en cette

« Boufflers est sur la liste des émigrés ; vous devriez ordonner qu'on le rayât. — Oui, sans doute, répondit Bonaparte ; il nous fera des chansons. »

inspiration, je communique avec la nature ; c'est là une œuvre pie qui me fera pardonner toutes mes œuvres légères. »

IV

Mais il me tarde de finir, pour arriver à ce dernier tableau qui achève de peindre Boufflers.

A travers les folies touffues de sa longue jeunesse, Boufflers avait çà et là pris le temps de demander des nouvelles d'Aline, qui n'était pas tout à fait devenue reine de Golconde. Il a raconté de diverses façons, en prose et en vers, sa véritable histoire. En revenant de Berlin à Paris, en 1800, il voulut à toute force revoir Aline au passage ; il voulut retremper son pauvre cœur battu par mille tempêtes à l'eau de rose, aux sources fraîches de cet amour si printanier qui l'avait surpris au matin de sa vie.

Il s'arrêta à Lunéville. Mais qu'était devenu le palais enchanté de Stanislas, la cour de Mme de Boufflers ? Le poète prit un cheval à l'hôtel de la poste et se mit en route pour le vallon. On était au printemps : il retrouva la nature toute fraîche et toute embaumée comme autrefois ; toujours les mêmes couronnes verdoyantes et touffues sur les deux collines, toujours les bosquets gazouilleurs, les moissons déjà flottantes, les vergers épanouis ; toujours le hameau qui fume et le clocher qui se perd dans le ciel avec le son des cloches. « Il ne manque qu'une chose ici, murmura Boufflers ; c'est Aline, c'est mon amour, c'est ma jeunesse. La nature a beau faire, elle a beau répandre tous ses trésors, elle a beau chanter sur tous les tons, elle ne sera jamais qu'un cadre dont les passions de l'homme sont le tableau. Mais, que dis-je si gravement ? j'ai l'air d'un philosophe. Hélas ! est-ce un philosophe qui devait revenir ici ? Voyons, soyons jeune encore, s'il est possible. »

Boufflers redemanda un instant de jeunesse à la magie des souvenirs ; il descendit de son cheval, s'étendit sur l'herbe à l'ombre du vieil orme, au bord du ruisseau ; il regarda vers la lisière du bois, comme si Aline allait revenir avec son pot à la main et son rouge cotillon. C'est en vain qu'il chercha à s'abuser ; il n'était pas assez poète pour évoquer les illusions couchées dans le tombeau des vingt ans. « Ah ! oui, dit-il tout à coup, l'abbé Porquet a raison : Dieu seul dure longtemps ; Dieu n'a pas fait notre âme pour la terre, excepté quand on a vingt ans et qu'on rencontre Aline sur son chemin. »

Il voulut aller jusqu'au bout dans son désenchantement, il remonta à cheval dans le dessein de déjeuner au petit hameau, où sans doute il aurait des nouvelles de l'héroïne du seul roman de sa vie. Il s'arrêta au perron d'un mauvais cabaret dont l'enseigne ne promettait rien de bon. Il entra et demanda à manger, tout en s'asseyant à une table rustique encore humide de la dernière rasade. La cabaretière se mit sans retard à casser les œufs et à tordre la chicorée. Boufflers allait lui parler d'Aline sans savoir comment débuter, quant il vit entrer une bonne vieille fermière en jupe rayée, qui venait au feu avec un pot de terre. « Mais, je ne me trompe pas, s'écria-t-il, c'est bien cela, c'est Aline, c'est Elisabeth, c'est ma vieille vêtue de feuilles de palmier ! »

De surprise, la vieille fermière laissa tomber son pot; mais, cette fois, Boufflers ne s'élança pas pour le ramasser. « Quoi ! c'est vous, monsieur le chevalier! Mon Dieu ! quelle rencontre ! J'en ai le cœur tout brisé. — Cette rencontre-là ne vaut pas la première, dit Boufflers en considérant sa pauvre Aline des pieds à la tête ; ce n'est plus un pot au lait aujourd'hui. — C'est bien vrai : nous n'avions pas de cheveux blancs là-bas près du ruisseau. — Embrassons-nous un peu, dit Boufflers ; cette fois, nous pouvons le faire devant témoins. »

Ils s'embrassèrent avec une effusion qui toucha la cabaretière. « Vous allez déjeuner avec moi ! —

Oui, si vous voulez venir déjeuner à ma maison, à deux pas d'ici. J'ai tant de chose à vous dire ! »

Boufflers paya vingt omelettes et trente salades à la cabaretière ; il suivit Aline, qui avait détaché son cheval pour l'emmener. La pauvre femme avait le cœur si content qu'elle babillait à perdre haleine. « Figurez-vous que, chaque fois que je vois un beau cheval, je pense tout de suite à l'aventure du lait répandu ; tout à l'heure même, en voyant celui-ci, j'ai pensé à vous. Ah ! si vous saviez que de fois j'ai passé là-bas pour le seul plaisir d'y passer ! Je savais bien d'avance que je ne vous rencontrerais plus, mais je n'y passais pas moins avec bonheur. Nous avons fait là une belle folie ; mais, comme dit le proverbe, une folie à deux est toujours bonne à faire. Je n'ai pas de regrets : on n'est jeune qu'une fois ; vous ne sauriez croire comme toute ma vie a été pleine de tout cela. Chaque année, aux premiers jours de la belle saison (vous allez rire et vous moquer de moi ; c'est égal, sachez-le), je vais, malgré moi, entraînée par une puissance surnaturelle, je vais cueillir un bouquet sur les bords d'un ruisseau. Ah ! le vôtre a duré bien longtemps ! Venez voir le bouquet de l'an passé. »

Elle prit la main de Boufflers, le conduisit à son alcôve et lui montra un bouquet fané retenu sur la

serge des rideaux par un rameau de buis bénit.
« Vous ne sauriez croire, dit Boufflers à son tour,
comme ce souvenir de jeunesse a toujours parfumé
mon cœur; il a été plus de la moitié de ma vie :
c'est au point qu'étant jeune encore, n'espérant
guère vous revoir et cherchant à m'abuser, j'ai fait
un roman qui s'appelle *Aline* ; les premières pages
sont vraies, mais le reste n'est qu'un conte. —
Dites-moi ce conte-là; je suis curieuse de savoir ce
que vous avez imaginé de beau sur moi. — Tout le
monde l'a lu, excepté vous. C'est toujours ainsi !
Je ne fais pas de vous une sainte du calendrier,
mais je vous ai peinte sous des couleurs si fraîches
et si attrayantes, que tout le monde vous a adorée
à Paris, en province, ailleurs encore. — Je ne m'en
doutais guère. Pendant qu'on m'aimait de si bon
cœur, moi je plantais mes choux, je berçais mes enfants, je songeais à vous. Cela ne m'a pas empêchée
d'être assez heureuse ; cependant, depuis quelques
années, tout s'en va autour de moi : me voilà veuve,
j'ai perdu deux enfants, le champ qui m'a nourrie a
été partagé ; mais j'ai encore beaucoup d'enfants et
de petits-enfants ; et puis, comme j'ai un naturel
heureux, quand j'ai pleuré et prié le bon Dieu, le
temps passe encore assez doucement. »

Tout en parlant ainsi, la fermière allumait du

feu ; Boufflers promenait son regard à tort et à travers dans la maison. C'était un intérieur tout primitif : des dalles disjointes, des solives vermoulues, où çà et là l'araignée filait dans l'ombre; un vieux bahut de chêne, sculpté à grands coups, orné de faïences grossières et de plats d'étain; de petites fenêtres défendues au dehors par un rideau d'osier ; une saine odeur d'eau pure et de pain bis ; un âtre digne des géants ; deux gravures enluminées sur la cheminée, sous un fusil couvert de rouille et de poussière; enfin un parfum de pauvreté facile, agréable au cœur: voilà ce que découvrit Boufflers dans cette maison de sa vieille Aline.

Ils déjeunèrent gaiement, cependant ayant chacun un grain caché de tristesse. Après déjeuner, Boufflers demanda à visiter le petit héritage de la fermière : il comprit pour la première fois de sa vie le charme calme et sérieux que répand la terre pour ceux qui la cultivent; il fit vœu de consacrer ses derniers jours à l'agriculture.

Les deux vieux amants s'embrassèrent pour la dernière fois ; l'adieu fut touchant : on essuya une larme à la dérobée, on se recommanda à Dieu avec une vraie effusion ; enfin Boufflers monta à cheval et se mit en route. Le cheval, qui avait déjeuné au moins aussi bien que son maître; le cheval, qui avait eu du meilleur tréfle et de la meilleure avoine, voulut traverser d'un seul bond la petite vallée : mais Boufflers le retint en bride, voulant respirer encore à loisir toute l'ivresse du souvenir.

Il rentra à Lunéville pâle et abattu : il avait été poëte ce jour-là pour la seconde fois de sa vie. Que de rimeurs plus connus qui n'ont pas été poëtes une seule fois !

FIN.

TABLE DES MATIÈRES

Le Violon de Franjolé 1

La Dame aux Diamants 209

La Reine de Golconde 245

www.ingramcontent.com/pod-product-compliance
Lightning Source LLC
Chambersburg PA
CBHW060128190426
43200CB00038B/1200